図解 授業・学級経営に成功する3年生の基礎学力

無理なくできる12か月プラン

監修：学力の基礎をきたえどの子も伸ばす研究会
著：川岸雅詩・川崎和代

フォーラム・A

本書の構成と特長

構成◎１年間の見通しをもって

1. 子どもの発達をふまえて、１年間を月ごとに分けています。
2. 各月を読み・書き・計算・学級づくりの四つのテーマで分けています。
3. 四つのテーマにとりくむ時期を月ごとに提案することで、
   - 基礎学力づくりに**１年間の見通し**をもってとりくむことができます。
   - **各月**の重点課題がわかり、**優先順位**を決めることができます。
4. 右ページでは、イラストや使用する教材・プリント・資料などで**図解**しています。
   - 実践の順番やポイントが一目でわかります。
   - 教材・教具の作り方がわかります。
5. 四つのテーマのほかにも、執筆者の「おすすめの実践」を載せています。
6. 巻末には、コピーしてすぐ使えるプリントや読書カードなどを掲載しています。

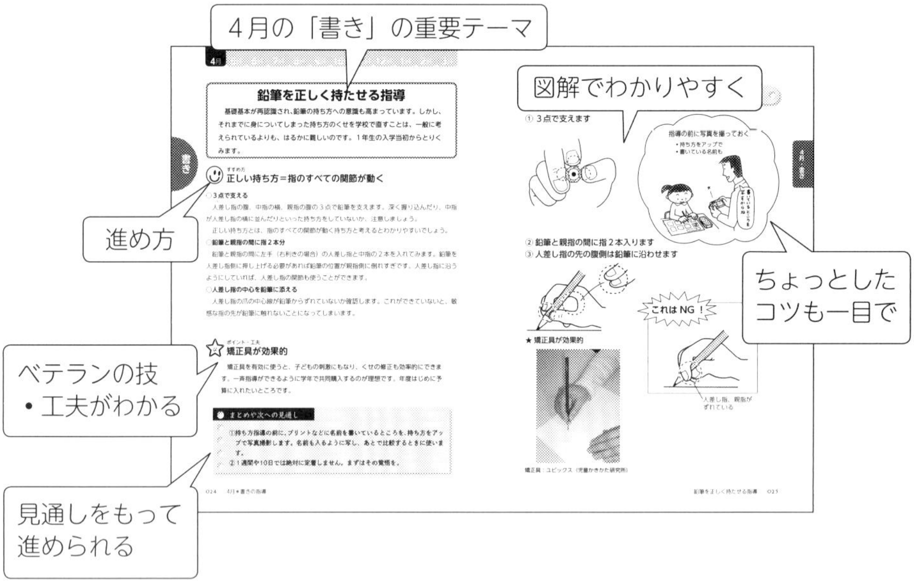

こんなときに◎ベテラン教師の技に学ぶ

1. 時間が足らない、でも読み・書き・計算の力をしっかりつけたい。
   ★毎日の授業始めの５分や給食準備のすき間時間など、短い時間を積み重ねて基礎学力をつける効果的なやり方がわかります。
2. 重要単元・重点教材を学習するときに役立つ情報がほしい。
   ★いつどんな準備をしたらよいか、授業全体を通して留意することは何かがわかります。
3. 学力づくりを学級経営の柱にしたい。
   ★みんなで協力し合って学力をつけていくやり方がわかります。子どもたちは伸びが実感でき、温かいゆとりのある学級文化が育ちます。

巻末のプリント、テンプレートはすべてコピー・フリー

はじめに◎「学び」は子どもたち一人ひとりのものに

さまざまな教育課題にこたえる基礎学力

　ある経済誌で、小学校教師への調査で2000人のうち61％が「今の子どもたちに身につけさせたい力や育成したいもの」として「基礎的、基本的学力」と答えた、という記事を見つけました。
　学校教育の課題は多く、重点が大きく揺れることも少なくありません。「ゆとり教育」から「学力向上」に教育目標が転換されたり、「課題解決型学習」「英語教育」「道徳教育」と次々に研究テーマが提起されたりします。そうした変化や提起と、目の前の子どもたちの課題との間で教師たちが最も懸念しているのが「基礎学力」だと、この調査結果は示しています。

　私たち「学力の基礎をきたえどの子も伸ばす研究会」は、「読み書き計算」の基礎学力をテーマに研究を重ねてきました。授業づくり、学級づくりも基礎学力の定着・伸長とセットに捉え、堅牢な基礎学力の上にこそ豊かな授業や学級の華が咲くと考えています。
　時代とともに新しい授業技術・教育技術が開発されます。それが優れたものであるかの評価は、学びの主人公である子どもたちが成長することでしかできません。「教科書が読める」「文が書ける」「計算ができる」、これら当たり前のことを一人ひとりの子どもができて「課題解決型学習」や「協働学習」も成果があがります。

子どもを育て、学級を育て、授業をつくる基礎学力

　基礎学力をつける実践は、教科内容とは一見離れているように思えるのでつい後回し、という声も聞かれます。しかし実は、教育課程にそった目標を達成させる近道でもあります。それは、
- 大がかりでなく、毎日の短時間の積み重ねでできます。
- 特別な教材教具の必要がなく、今からでもすぐにとりくめます。
- 成果が目に見えるので、子どもに自己肯定感が育ちます。
- みんなで賢くなる実践・とりくみなので、温かな学級文化が育ちます。

　読み書き計算の基礎学力づくりは、それらの力とともに、子どもに根気強く、粘り強くやり続ける心性を育て、総合的・創造的に物事を考えていける力をつけます。これらは、将来にわたって子ども一人ひとりの揺るがぬ根となり、支え続けることでしょう。
　本書をお使いいただき、ぜひ今日から基礎学力づくりにとりくんでみてください。あらたな発見がたくさんあるでしょう。

　2015年２月　著者を代表して

学力の基礎をきたえどの子も伸ばす研究会　常任委員長
深沢　英雄

学力・学級づくり年間計画表（例）

	4月	5月	6月	7月
重点	**1学期** 音読や漢字に毎日とりくみ、学習の仕方をどの子にも身につけさせるとともに、基礎計算で自信をもたせます。			
読む力	リズム漢字の読み練習（2週間程度） 音読（1年を通して指導） ・連れ読み ……→ ・交代読み 音読カードを使って 読書指導 ・読み聞かせ＝すき間時間を使って （1年を通して指導）	・完璧読み ……→ ・評価表を使って 読書指導 ・図書室の利用 ・学級文庫の充実 ・読書カードを使って	・音読名人 ・となり同士で聞き合う （1年を通して指導）	
書く力	新出漢字の指導 1日2個ずつ さかのぼり （1年を通して指導）	→漢字小テストを始める （1年を通して指導）	部首を知る 慣用句の指導	2年生の漢字総復習 ・リズム漢字書きを使って 1学期の新出漢字のまとめ ・漢字ドリルを使って
計算	計算力実態調査（1回目） 九九のおさらい 100マス計算 ……→ かけ算→たし算→ひき算の順 コンパスに慣れる （単元導入前に）	穴空き九九 ……→ 3桁の加減筆算指導	わり算指導	時刻と時間の計算
学級づくり	連絡帳指導（1年を通して指導） 家庭学習の指導 （1年を通して指導） そのほか 係活動・当番活動・給食指導など	（1年を通して指導）	リコーダー練習を学級づくりにいかす 地域学習を学級づくりにいかす	夏休みの宿題指導

9月	10月	11月	12月	1月	2月	3月
2学期 3年生らしさが花開くとき。音読、計算、読書などに集団の力をいかしてとりくみます。				**3学期** 成果を実感させるとき。読み書き計算のまとめをしっかりと。		
ことわざかるた ローマ字指導	……→ 読書指導 ・読書発表会 ・みんなで読書の旅	暗唱 …… 俳句を味わう ……	→ ……	3年生の漢字の読み総復習 リズム漢字を使って ……	……→ ……	……→
ローマ字指導	……→ 国語辞典の指導 使用の意識づけ	…… 漢字音訓かるた	……→ 作文（原稿）用紙の使い方指導	…… くわしくする言葉の指導	……	3年生の漢字総復習 漢字ドリルを使って ……→
わり算計算指導 A型 ……	→ 計算力実態調査（2回目） 余りのあるわり算計算指導 B型・C型	2桁×2桁 分数の計算 小数の計算 ……→	10回たし算・ひき算		計算の総復習	……→
運動会練習と学習の両立	調べ学習・体験学習を学級づくりにいかす	縄跳び ……	……	自学指導 …… 学習発表会の準備 ……	…… ……→ ……	……→ 最後の参観で学習発表会 ……→

もくじ

やりたがり屋の３年生

面白そうなことにとても前向き

３年生を受け持つことになったあなた、おめでとうございます！　３年生ほど楽しい学年はありません。「こんなことをしよう」という教師の呼びかけに一番応えてくれるのが３年生です。

たとえば、給食の牛乳キャップでクラスでだけ通用するコインを作ろうと提案すると、やろうやろうと賛同してくれ、牛乳キャップを集めたり洗ったりハンコを押したりと、「やりたがり屋」の力を発揮してくれます。コインを管理する銀行の係を募集すると、「はい！はい！」と多くの子が手をあげてくれて、担任はうれしくなります。

その影響は親にも及ぶようで、教室でアオムシを育てていると、あるお父さんがサナギからモンシロチョウに羽化する様子をビデオに撮って教室に届けてくれたことがありました。打てば響く、呼べば応える、苦労が報われるのがこの学年のいいところです。

「読み書き算」が一番似合う学年

そのことは学習の面でも同じです。教師が少し工夫して、楽しくわかりやすく教えると、子どもたちはそれに応えてくれます。楽しい詩をみんなでリズムよく音読するときには、体をゆすって読んでいます。筆算の手順をみんなで声をそろえて言うときは目を輝かせています。計算練習をして、できたら「先生のところまで持っておいで」と言うと、先を争って持ってきます。新しい漢字を習ったら、習った通りに書こうと努力します。教師が気を抜いていい加減に書こうものなら、「まちがっている」と容赦なく指摘します。「まじめにやれ」と言わなくても、できるようになりたい気持ちが強く、まじめにがんばる時期なのです。

友だちと比べたがる時期

低学年のときと比べて、友だちとのかかわりが強くなります。友だちのことをとても意識します。休み時間には大勢でドッジボールをしに運動場に走っていったり、放課後いっしょにリコーダーを吹いていたりします。連絡帳の文字の美しさを比べっこする微笑ましい光景も目にします。担任がそんな３年生の特性を少し組織してクラスづくりをすれば、きっと学校一楽しいクラスになることでしょう。

この本は、そんなみなさんの参考になればという思いで書きました。

リズム漢字ではずみをつける

リズム漢字は、読みやすくイメージしやすい熟語にして漢字を７字ずつ並べたものです。 前の学年の漢字を効率よく復習できます。すき間時間を使い有効に活用したいものです。

すすめ方

読みから入る２年生漢字の復習

○みんなで声を合わせるのが楽しい

国語の授業開きはリズム漢字の「連れ読み」がぴったりです。教師が読んだところをまねしてリズムよく声を合わせ、クラスのまとまりをつくっていきます。打楽器でリズムをとったり、電子オルガンの８ビートなどにあわせたりして読ませます。

○半分に分けて練習する

２年生の新出漢字は160字、リズム漢字は１行７文字で27行分になります。半分に分けて、１週間目は14行目まで、２週間目からは15行目からとするとちょうどいい量になります。

○２週間音読したら、２週間「書き」も復習

何度も読んでいると、漢字にも慣れてきます。５行ずつ書きにもとりくみます。視写→宿題→テストのサイクルで２週間ほどとりくめば、２年生の漢字をすべて復習することができます。

ポイント・工夫

まちがいやすい字は取り立て指導

練習を続けるとまちがいの傾向がわかってきます。朝のちょっとした時間を使い、「こんなまちがいがあったよ。どこがまちがっているかな」とクイズのように聞いてみると、子どもたちはけっこう正しく言い当てます。「全員で100点を取ろう」と呼びかけてとりくむと、仲間の影響を受けて、遅れがちな子も力を伸ばすことができます。

● まとめや次への見通し

①学年始めの忙しい時期ですが、あわてずに「少しずつ継続する」を心がけます。学年始めのやる気を上手に導いて、できた経験をたくさん味わわせ、１年を明るいトーンでスタートしましょう。

明るいトーンで1年をスタート

① 読みの復習

※『リズムでおぼえる漢字学習』(清風堂書店)を活用しています。

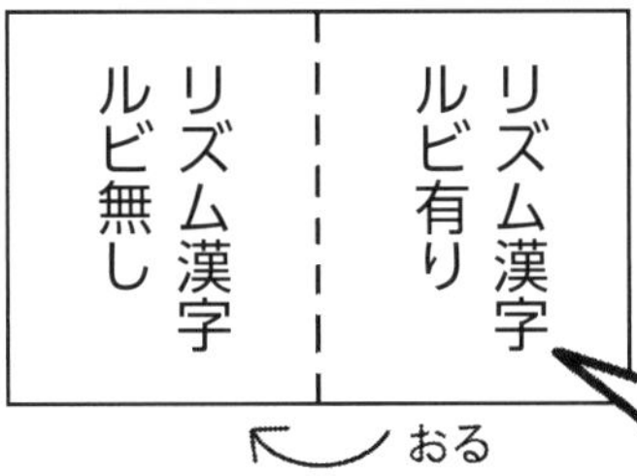

リズム漢字表を作成して子どもに配布しておくとgood！

二年リズム漢字

1 春《しゅん》夏《か》秋《しゅう》冬《とう》細《ほそ》道《みち》歩《ある》く《(く)》
2 兄《きょう》弟《だい》姉《し》妹《まい》父《ふ》母《ぼ》同《おな》じ《(じ)》
3 直《ちょく》線《せん》台《だい》形《けい》中《ちゅう》心《しん》角《かく》
4 算《さん》数《すう》地《ち》理《り》外《がい》国《こく》語《ご》
5 工《こう》作《さく》音《おん》楽《がく》生《せい》活《かつ》科《か》
6 東《とう》西《ざい》南《なん》北《ぼく》通《つう》行《こう》止《ど》め《(め)》
7 黒《くろ》茶《ちゃ》黄《き》色《いろ》画《が》用《よう》紙《し》
8 強《きょう》弱《じゃく》遠《えん》近《きん》多《た》少《しょう》知《し》る《(る)》
9 米《こめ》麦《むぎ》売《ばい》買《ばい》一《いち》万《まん》石《ごく》
10 当《とう》番《ばん》合《あい》図《ず》月《げつ》曜《よう》日《び》
11 丸《まる》顔《がお》教《きょう》頭《とう》太《ふと》い《(い)》首《くび》
12 書《しょ》店《てん》計《けい》画《かく》社《しゃ》長《ちょう》室《しつ》
13 お《(お)》寺《てら》門《もん》前《ぜん》交《こう》差《さ》点《てん》
14 朝《ちょう》食《しょく》歌《うた》声《ごえ》体《からだ》元《げん》気《き》
15 牛《ぎゅう》馬《ば》売《ばい》買《ばい》肉《にく》市《いち》場《ば》
16 毎《まい》週《しゅう》午《ご》後《ご》に《(に)》里《さと》走《はし》る《(る)》
17 古《ふる》新《しん》聞《ぶん》読《よ》む《(む)》一《ひと》組《くみ》半《はん》
18 高《たか》い《(い)》雨《あま》戸《ど》今《いま》何《なん》円《えん》
19 市《し》内《ない》汽《き》船《せん》昼《ひる》帰《き》京《きょう》
20 風《ふう》雪《せつ》雲《くも》晴《は》れ《(れ)》星《ほし》光《ひか》る《(る)》
21 岩《いわ》山《やま》谷《たに》川《がわ》海《うみ》広《ひろ》い《(い)》
22 思《し》考《こう》天《てん》才《さい》友《とも》回《かい》答《とう》
23 金《きん》魚《ぎょ》公《こう》園《えん》絵《え》日《にっ》記《き》
24 会《かい》話《わ》方《ほう》言《げん》親《おや》自《じ》分《ぶん》
25 刀《かたな》弓《ゆみ》矢《や》家《け》来《らい》引《ひ》く《(く)》
26 野《の》原《はら》鳴《な(き)》声《ごえ》鳥《とり》羽《う》毛《もう》
27 時《じ》間《かん》夜《よ》明《あ(け)》電《でん》池《ち》切《ぎ》れ《(れ)》

年　組
名前(　　)

ウッドブロックを使って

② 書きの復習

- 視写をする

「よみ」の欄に書かせる

- 宿題にする
- テストをする

連れ読みから始める

音読の苦手な子は、初めての単元の教材文は読みづらいものです。また、3年生から学習する社会や理科の教科書も、聞き慣れない用語が出てきます。連れ読みは、国語だけでなく他の教科でも、理解を深めるのに有効です。中学年も連れ読みから始めましょう。

すすめ方

声がそろう心地よさを知る

○教師がくぎって範読する

教師がまず、読点（、）ごとにくぎって読みます。そのあとを子どもたちが追って読みます。声がそろわない間は、教師が「サン、ハイッ」と声をかけます。慣れてきたらかけ声がなくてもそろうようになります。

読点ごとにくぎって読むことに慣れてきたら、句点（。）ごとにくぎって読みます。

最初は、正しく読む・全員の声がそろうことが目標です。

教師がリードする読みの音声が、子どもの読みのイメージを広げます。

○調子のよいリズムをつくる

慣れてきたら、テンポを速め、調子のよいリズムをつくります。

○実態に合わせて変化を

子どもの実態や教材文の難易度に合わせて、読点でくぎる、句点でくぎる、また速さを変えるなどの変化をとりいれましょう。

ポイント・工夫

短冊カードでとりだし指導

読みまちがいが多い部分は、読点でくぎって読むことをくり返します。また、難しい語句や何度も出てくる語句は、短冊カードに書き出し、そのカードを読む練習をします。

● まとめや次への見通し

①連れ読みで文章に慣れてきたら、交代読みや一斉読みをします。

正しく読む・全員の声がそろう連れ読み

① 読点・句点ごとにくぎる

- 慣れてきたら「サン、ハイ」は言わなくてよい。
- さらに句点まで一息に読み進める「句点（一文）読み」へ。

② 読みまちがいが多い語句をとりだして指導確認

交代読みで音読練習を多彩に

　連れ読みで、ある程度読めるようになったら、交代読みをとりいれてみましょう。交代読みでは、聞くことにも集中しなければなりません。読みの練習方法のバリエーションも広がります。

すすめ方

交代する相手で、変化を楽しむ

○教師と子どもの交代読み

　教師が読点（、）まで読み、その続きから次の読点（、）までを、子ども全員が読みます。

　慣れてきたら、句点（。）まで読み、子ども全員が次の文の句点（。）まで読みます。これを「一文交代読み」と言います。

○子ども同士での交代読み

　慣れてきたら、教師役を子どもの一人がします。最初は音読の得意な子を指名すればよいでしょう。

　また男女ごと、班ごとなど二つのグループに分けて交代読みをすることもできます。

　しっかり読めるようになってきたら、となりの席の子とペアで交代読みをします。お互いに聞き合い、２回目は読む順を交代します。交代読みを２回することで全体を１回読んだことになります。

ポイント・工夫

交代読みの目的を理解して

　二つのグループで交代読みをすると、次第に大きな声でしっかり読むようになります。しかしエスカレートして声の大きさだけを競うことにもなりかねません。教師の正しい指導と評価が大事です。

まとめや次への見通し

①単調になりがちな音読練習に交代読みをとりいれることによって、練習方法に変化をつけられます。教材文の難易度や習熟度に合わせて、いろいろな交代読みをとりいれましょう。

音読指導は読み取りと連動させて

① 3年生はノリのいい元気な学年です

② 教師がほめることでどんどんノッてきます

③ でも…、

新出漢字の指導１◎毎日コツコツと

３年生の学習漢字は200字です。新出漢字の指導は国語の単元とは切り離して、毎日２個ずつ進めます。毎日少しずつなので負担も少なく、学習にリズムができます。

すすめ方

新出漢字は毎日２個ずつ

○漢字ノートまたはプリントを用意する

新出漢字は、読み・筆順・熟語・使い方などをセットで教えます。効率よく練習できるように漢字ドリルなどと組み合わせて、学習の仕方を決めます。専用のノートかプリントを用意するといいでしょう。（右ページに例掲示）

○指導の時間を決める

国語の時間の冒頭に漢字の学習をします。こう決めておくと、スムーズに授業が始められます。慣れてくると、ドリルやノートを広げて準備している子も出てきます。そんなときは大いにほめてあげましょう。

○毎回同じ順番で学習する

「今日はこの漢字を勉強します、音読みは○○、訓読みは○○、筆順練習をするので手をあげてください…」のように、学習の仕方をシステム化しておきます。空中で「空書き」をすると、正しく書けているかすぐにチェックすることができます。

ポイント・工夫

筆順は「空書き」で確実に

誤って筆順を覚えるとなかなか直すことができません。そこで、すぐに鉛筆を持って書くのではなく、「空書き」をします。

「空書き」というのは、空中で筆順通りに書くことです。先生は子どもたちから見て正しい向きになるように左手で逆向き（鏡文字）に書きます。ゆっくり大きく書かせましょう。

まとめや次への見通し

①５月の連休ごろまでには、新出漢字の学習の仕方が身についてきます。そうしたら、一つずつ漢字を割り振って、子どもを先生役にして新出漢字の学習をすることができます。

漢字ドリルと専用プリント（ノート）と組み合わせて

① 漢字ドリルを見て

- 漢字ドリルは教科書の進度と同じところが利点
- 出版社によって掲載事項に多少の違いはあるが

(読み)→(筆順)→(熟語)

は必ず確認する

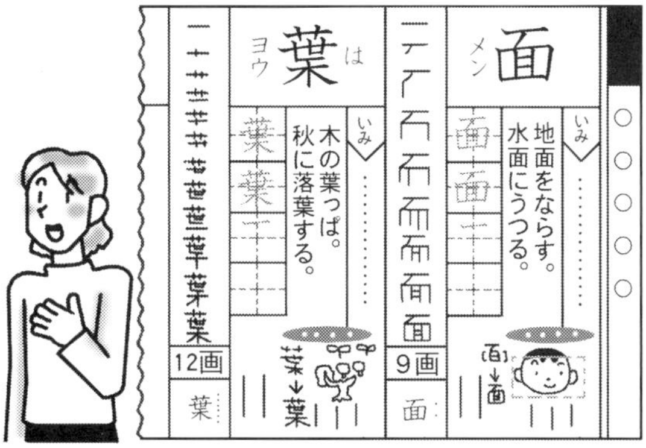

② 漢字ドリルの漢字をなぞる

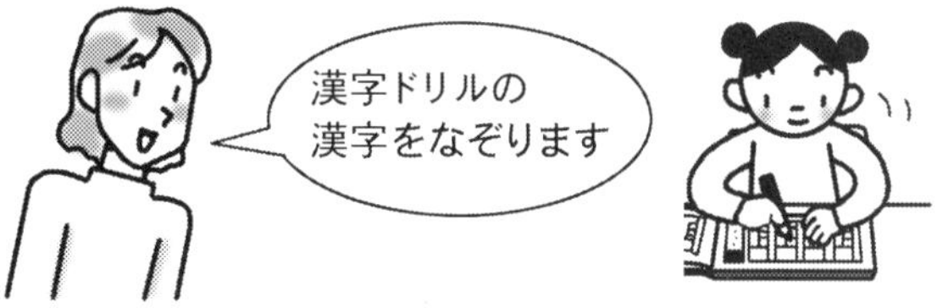

③ 漢字プリントに記入する

ドリルを集める必要はありません。この間、教師は机間をまわり、漢字ドリルに書いた漢字を確認したり、丸つけしたりします。

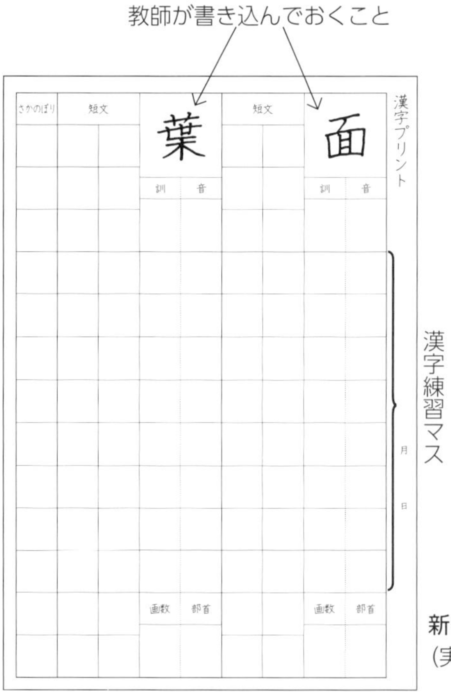

新出漢字プリント例Ｂ５判
（実物大テンプレート巻末掲載）

新出漢字の指導２◎さかのぼり学習

習った漢字を忘れないように、さかのぼり学習をさせます。さかのぼり学習を新出漢字の練習時間に組みこんでおけば、力がつきます。

すすめ方

さかのぼり学習で定着を

○さかのぼり学習で一つの漢字を数日間練習

その日の新出漢字２個を学習した後に、前日までに習った漢字をもう一度書きます。その日の新出漢字を練習したページの最後の行を使います。

昨日習った漢字二つを書きます。その下に、一昨日習った漢字二つ、さらにその下に一昨昨日習った漢字二つを書く、ということをくり返して、漢字プリント（前項で掲示）の「さかのぼり」欄の下まで練習するのです。毎日これを続けると、一つの漢字を数日にわたって練習することになります。

○教師は机間巡視をして点検する

漢字プリントの点検はシステム化しておき、教師はすぐ丸付けをして返すようにします。子どもたちがさかのぼり学習をしている間に教師が机間巡視をして、プリントのその日の新出漢字の点検をしていきます。こうするとプリントを集めて、さかのぼりのところだけを見ればいいので省力化できます。また点検か所が少ないので、まちがいを見つけやすく、子どもに早めに訂正させられます。

ポイント・工夫

取り出し指導などをして粘り強く何度も練習させる

ていねいに教えていてもなかなか覚えられないのが漢字です。１回習ったからといって全員がすぐ覚えられるわけではありません。さかのぼり学習で、まちがった字を書いてしまう子もいます。まちがいの多かったものは机間巡視中に全員に知らせたり、次回とりあげたりしてもう一度確認するといいでしょう。

● まとめや次への見通し

①新出漢字は、一度教えたらおしまいというのではなくて、くり返し何度も練習できるシステムをつくっていくことが大切です。これもその一つです。１年間このやり方で進めます。

あの手この手で新出漢字のおさらいを

あの手この手の一つが
さかのぼり
荷
消
2
息
起
葉
面
1
きのう習った字、
おととい習った字
……とさかのぼって
書いていきます

漢字ドリルを見てさかのぼらせる

今日学習
例
漢字プリント
さかのぼり
短文
荷
短文
消
昨日学習した
「起、息」
一昨日学習した
「面、葉」
起
息
面
葉
着
練
荷が
訓
音
消火した。
すがたを消す。
火が消える。
訓
音
け・す
き・える
ショウ
画数
部首
10
さんずい
月
日
明日のさかのぼりは
「消」「荷」から始める
最後のマスまでさかのぼり学習をします

計算力実態調査

１年生と２年生で学習した計算がどれくらいできているかを調べます。２年生までに習ったたし算・ひき算・かけ算に十分習熟できていないと、３年生で学習するわり算や２桁×２桁の計算にも支障をきたします。

すすめ方

学年始めに調査し計画を立てる

○まず、調査と分析をする

１年生、２年生で学習した計算問題プリント（右ページ参照）をします。

子ども一人ひとり、また学級全体が、どの問題でつまずいているかを調査し、つまずきの原因を分析します。

○弱点克服は算数授業始めの５分のさかのぼり学習でする

調査の結果、できていない計算については、算数の時間に、さかのぼり学習をします。ここでのさかのぼりとは、前学年で習ったことのおさらいです。算数の時間の最初５分くらいで、ポイントをしぼって行います。

３年生で学習する単元との関連なども考慮し、計画的にさかのぼり学習や100マスでの練習計画を立てます。

ポイント・工夫

さかのぼりは、短時間でさらっと

さかのぼり指導に時間はかけられません。既習の計算なので、できていないように見える子も少しの助言、練習でできるようになります。深入りせず、ポイントを指導します。

● まとめや次への見通し

①半年後に、もう一度同じ問題を使って実態調査をして、さかのぼり学習の成果を確認します。不十分なところは後期の指導計画に組みいれます。

調査とさかのぼり学習で３年の算数授業がスムーズに

1年　月《がつ》　日《にち》　なまえ（　　　　　　　　　）

★次《つぎ》の計算《けいさん》をしましょう。（1つ10点《てん》）

① 3＋5＝　　⑥ 10－8＝

② 8＋6＝　　⑦ 15－7＝

③ 7＋7＝　　⑧ 6＋1＋3＝

④ 9＋0＝　　⑨ 9－2－5＝

⑤ 6－2＝　　⑩ 10－3＋2＝

2年　月《がつ》　日《にち》　名前《なまえ》（　　　　　　　　　）

★次《つぎ》の計算《けいさん》をしましょう。（1つ10点《てん》・計《けい》70点《てん》）

① 57＋9＝

② 76＋7＝

③ 240＋50＝

④
```
  18
＋76
```

⑤
```
  72
－54
```

⑥ 6×8＝

⑦ 9×7＝

★次《つぎ》の計算《けいさん》を筆算《ひっさん》でしましょう。（1つ10点《てん》・計《けい》30点《てん》）

⑧ 96＋27　　⑨ 135－78　　⑩ 105－67

＋　　－　　－

原寸B５判プリント巻末掲載

●集計表例（エクセルで作成『新任教師からできる奇跡の学級づくり・３つのポイント』CDに収録）

計算能力学年課題通過調査表　　３年　　組　名

学年		1年										%	2年										%	3年										%	トータル
番号		①	②	③	④	⑤	⑥	⑦	⑧	⑨	⑩		①	②	③	④	⑤	⑥	⑦	⑧	⑨	⑩		①	②	③	④	⑤	⑥	⑦	⑧	⑨	⑩		
児童名＼内容		足し算	繰り上がり	繰り上がり	0の足し算	引き算	繰り下がり	繰り下がり	三数の和	三つの数の計算	加減混合		二位＋一位	二位＋一位	三位＋二位	二位の和の筆算	二位の差の筆算	九九	九九	和の筆算	差の筆算	差の筆算		四位＋四位の筆算	千から引く筆算	二位×一位	二位×一位	割り算	余りのある割り算	三位×一位の筆算	三位×二位の筆算	小数の足し算	分数の引き算		
愛知一郎	4	○	○	○	○	○	○	○	○	●	○		○	○	○	○	●	○	○	○	●	●													
	10	○	○	○	○	○	○	○	○	○	○		○	○	○	○	○	○	○	○	○	○													
	3												○	○	○	○	○	○	○	○	○	○		○	○	○	○	○	○	○	○	○	○		
香川次郎	4	○	○	○	○	○	○	○	○	○	○		○	○	○	○	○	○	○	○	○	●													
	10	○	○	○	○	○	○	○	○	○	○		○	○	○	○	○	○	○	○	○	○													
	3												○	○	○	○	○	○	○	○	○	○		○	○	○	○	○	○	○	○	○	○		
神奈川幸子	4	○	○	○	○	○	○	●	○	●	○		○	○	○	○	●	○	●	○	●	●													
	10	○	○	○	○	○	○	○	○	○	○		○	○	○	○	○	○	○	○	○	○													

※このテストをさらに10月・３月と実施すると計算力の伸びやつまずき克服の様子をみることができます

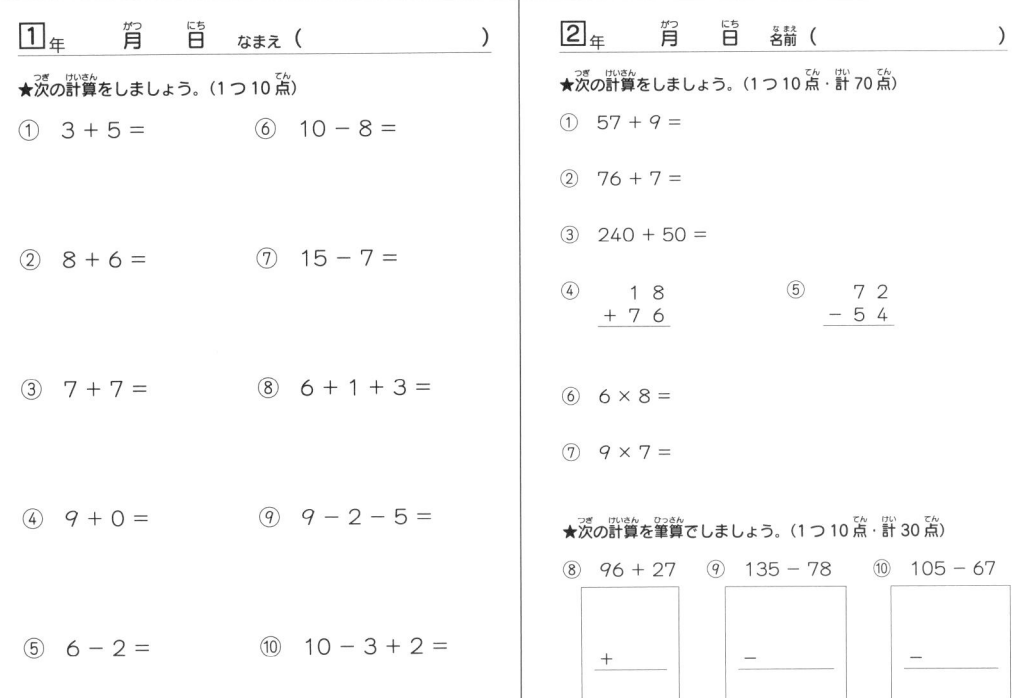

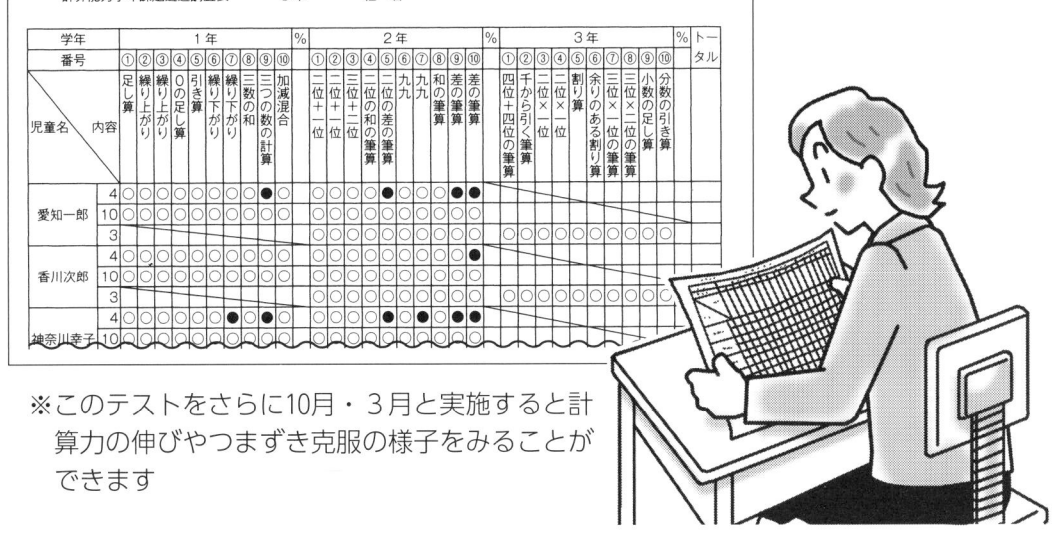

かけ算九九のおさらい

２年生で習熟したはずのかけ算九九ですが、春休みの間に忘れてしまっている！ということはよくあることです。わり算の学習でつまずかないように、かけ算九九を復習し、定着させます。

すすめ方

短期集中で復習・習熟を

○かけ算九九を唱える

全員でひと通り唱えます。スラスラ唱えられる段、スピードが落ちる段、まちがって唱える段があります。６・７・８・９といった定着が不十分になりがちの段を中心に、算数の時間の始めに唱えます。

○唱えながらプリントの問題をする

すべての九九を網羅し、アトランダムに並べた九九のプリントを数種類用意します。全員で唱えながら答えをプリントに書き込みます。１日１枚、算数の時間の最初にします。

○テストをする

上のプリントができたらアトランダムに並べたプリントでテストをします。100点が取れなかった子には、個別に指導します。まちがった九九の段を唱えさせたりノートに書かせたりして練習し、給食の配膳時間などに再テストをします（右ページのプリントではまちがえるごとに１点減点）。

ポイント・工夫

苦手な九九を早く見つけて直す

一度覚えた九九ですから、苦手な段だけとりだして短期に集中して練習させればすぐに修復できます。苦手な段の九九を、教室の壁面に貼り、すき間時間に唱えさせるようにします。また、3年生に進級したこの時期に、全員が九九テストで100点を取るというとりくみをして、教室の雰囲気を盛りあげます。

まとめや次への見通し

①全員が100点を取るという教室の雰囲気をつくり、新しいクラスの学級づくりにつなげます。
②わり算の単元に入るまでに復習を終えておきます。

苦手な九九の段を短期集中で修復する

かけ算九九
（6、7、8のだん）　　名前

▶計算しましょう。

① 6×4＝	⑲ 7×3＝	㊲ 6×9＝
② 6×3＝	⑳ 6×3＝	㊳ 8×8＝
③ 7×1＝	㉑ 6×8＝	㊴ 8×6＝
④ 8×6＝	㉒ 7×2＝	㊵ 7×9＝
⑤ 7×3＝	㉓ 8×8＝	㊶ 8×9＝
⑥ 8×5＝	㉔ 8×9＝	㊷ 6×6＝
⑦ 8×7＝	㉕ 7×7＝	㊸ 7×5＝
⑧ 6×8＝	㉖ 7×4＝	㊹ 7×6＝
⑨ 6×7＝	㉗ 6×5＝	㊺ 7×7＝
⑩ 7×8＝	㉘ 8×5＝	㊻ 7×2＝
⑪ 6×6＝	㉙ 6×1＝	㊼ 8×4＝
⑫ 8×1＝	㉚ 6×9＝	㊽ 6×2＝
⑬ 7×4＝	㉛ 8×2＝	㊾ 8×7＝
⑭ 7×9＝	㉜ 7×1＝	㊿ 7×6＝
⑮ 8×1＝	㉝ 7×5＝	51 8×3＝
⑯ 7×8＝	㉞ 8×4＝	52 6×2＝
⑰ 6×7＝	㉟ 6×1＝	53 8×2＝
⑱ 6×4＝	㊱ 6×5＝	54 8×3＝

かけ算九九プリント　　名前　　てん

▶計算しましょう。

① 6×6＝	㉒ 3×3＝	㊸ 5×9＝	64 4×4＝
② 6×7＝	㉓ 5×2＝	㊹ 1×3＝	65 7×6＝
③ 8×3＝	㉔ 5×1＝	㊺ 2×1＝	66 5×4＝
④ 7×2＝	㉕ 8×5＝	㊻ 2×7＝	67 9×9＝
⑤ 9×3＝	㉖ 1×1＝	㊼ 7×9＝	68 1×4＝
⑥ 6×5＝	㉗ 2×5＝	㊽ 3×8＝	69 8×8＝
⑦ 7×4＝	㉘ 2×6＝	㊾ 9×5＝	70 1×8＝
⑧ 9×4＝	㉙ 4×3＝	㊿ 3×5＝	71 1×5＝
⑨ 7×5＝	㉚ 1×9＝	51 6×2＝	72 8×1＝
⑩ 9×1＝	㉛ 2×9＝	52 4×6＝	73 2×2＝
⑪ 9×6＝	㉜ 2×3＝	53 8×4＝	74 3×7＝
⑫ 4×9＝	㉝ 2×4＝	54 8×7＝	75 1×6＝
⑬ 8×6＝	㉞ 5×7＝	55 5×5＝	76 4×5＝
⑭ 4×8＝	㉟ 5×3＝	56 5×6＝	77 6×9＝
⑮ 6×8＝	㊱ 3×6＝	57 7×7＝	78 7×3＝
⑯ 3×2＝	㊲ 1×7＝	58 7×1＝	79 6×3＝
⑰ 4×1＝	㊳ 6×1＝	59 3×1＝	80 4×2＝
⑱ 2×8＝	㊴ 4×7＝	60 9×2＝	81 5×8＝
⑲ 1×2＝	㊵ 9×7＝	61 9×8＝	
⑳ 8×2＝	㊶ 7×8＝	62 3×4＝	
㉑ 8×9＝	㊷ 6×4＝	63 3×9＝	

Ｂ５判実物大プリント巻末に掲載

① 全員で唱える→テストへ

② 全員100点をめざす

100マス計算で自信をつける

100マス計算は計算力を高めるだけではなく、「自分も継続してがんばればできるんだ」ということを実感してもらうためにもとりくみます。

すすめ方

伸びたことを実感させることこそ大事

○なぜ100マス計算をするのかを説明する

100マス計算はタイムをはかってとりくみます。友だちと競争するためではありません。昨日の自分と比べるためです。何回もくり返し練習するとどの子も必ずタイムが伸びます。これらのことをきちんと説明しておきます。

○記録をとる

「よーい､始め」でスタートし､できたら「はい」と手をあげさせて教師がタイムを言います。タイムは必ず用紙に記録しておいて、昨日の自分と比べられるようにします。早くできた子にはもう１題するとか色ぬりをする、読書をするなど課題を決めておくといいでしょう。

○毎日続ける

算数の授業冒頭や朝の会というように時間を決めて毎日とりくむのがコツです。他の子との競争ではなくて、前の自分との競争だということをくり返し説明し、自分の伸びを意識させることが大事です。

ポイント・工夫

九九から始めて段階をふんで

マス計算はかけ算からとりくむことをおすすめします。九九はすでに覚えていて速くできるからです。ただし、100マスにとりくむ前に、九九が正確にできているかを確かめます（前項参照）。苦手意識をもっている子がいたときは、最初から100マスをしないで20マスとか50マスというように、少しずつ段階をふんでするといいでしょう。

まとめや次への見通し

①100マス計算にとりくむときは、子どもが自信をつけるためのものだということを教師は意識してとりくみます。

◎100マス計算10か条

1　100マス計算をなぜするのか。どう役に立つのかを、学年に合わせて、納得させる
2　ゆっくりなら計算が正確にできてから始める
3　最初は、無理のない量とタイムで
4　続けて練習する（継続は力なり）
5　タイムをはかり、記録して伸びを確認させる
6　ほめる、はげましの声をかける
7　答え合わせをする
8　早くできた子への配慮
9　読めない字にはバツをつける
10　目標を達成したらやめる

◎最後まで静かな雰囲気でとりくむ

①終了を５分と決めておきます。始めは100問できない子もいるでしょう。そういう場合は、何問正解かを評価の基準にします。
②早く終わった子には読書をさせるのが一番おすすめです。最後まで静かな雰囲気でとりくませます。

100マス計算の継続◎星取り表を使って

子どもたちはやり方がわかっているとスムーズに勉強にとりくみます。算数の授業の始めは100マス計算と決めておくといいでしょう。

すすめ方

ポイントは長続きさせること

○かけ算→たし算→ひき算の順序で

算数の授業の始まりの５分程度を使ってします。かけ算からスタートします。タイムの伸びが早いからです。全員３分を切るとか、50回達成などでくぎりをつけます。

次はたし算です。とび抜けて遅い子がいたら、50マスにしたり個別指導をしたりなどの配慮をします。

たし算が全員３分台になったらひき算です。10の補数など今後の計算のためにも大切なトレーニングですので、必ずどこかで時間を確保しましょう。

○星取り表を作って昨日の自分と対戦する

「継続は力」を実感させるとりくみです。長続きする工夫をしましょう。たとえば、勝ったら○、負けたら●、のように星取り表を作り、毎日記録させるのもいいでしょう（右ページ参照）。一番最初の記録から何秒タイムが縮んだか意識させるのもいい方法です。

○全員が達成したらお祝いをする

全員３分台を達成したら牛乳で乾杯するのもおすすめです。

ポイント・工夫

どの子も気持ちよくとりくませることが肝心

タイムが遅い子でも続けることでその子なりに伸びています。最初８分かかっていたのが４分になれば、４分も速くなったことになります。伸び率でいえば、クラス１です。いいところを見つけてほめることが重要です。快適な情動を大切にしてとりくんでいきましょう。

まとめや次への見通し

①楽しい雰囲気のなかで少し緊張感もあり、お互い認め合いながら進めていきます。

②全員が３分台になったり、3000題を達成したりしたところで、くぎりをつけます。

計算

記録する→伸びを実感→自信

① 毎日記録させることで子どもが伸びを実感する

※算数ノートの表紙ウラに星取り表を貼って毎日記録します

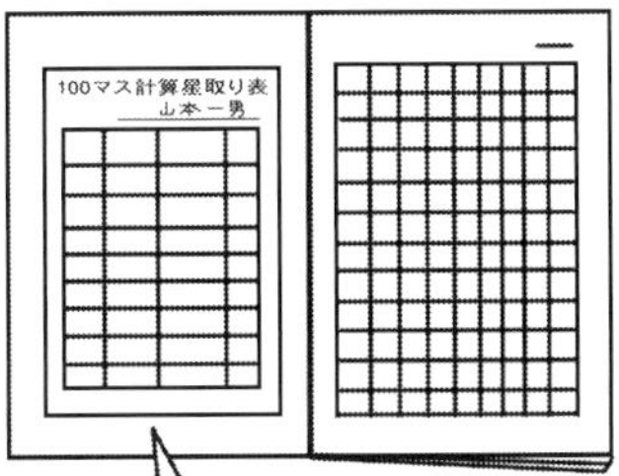

記入例

100マス計算星取り表
山本一男

回数	月/日	タイム	勝敗
1	5/7	3:47	ー
2	5/8	3:31	☆
3	5/9	3:20	☆
4	5/10	3:50	☆
・	・	・	・
⋮	⋮	⋮	⋮

百マス計算　星取り表

〔　　　　　　　〕

◎　きのうの自分と勝負　　勝ち・引き分け…☆（白星）
負け……………………★（黒星）

回数	月／日	タ　イ　ム	勝　敗
1			
2			
3			
4			
5			
6			
7			
8			
9			
10			

結果《けっか》

□勝《しょう》

□敗《はい》

② 目標を設定し、達成したら終える

4月・計算

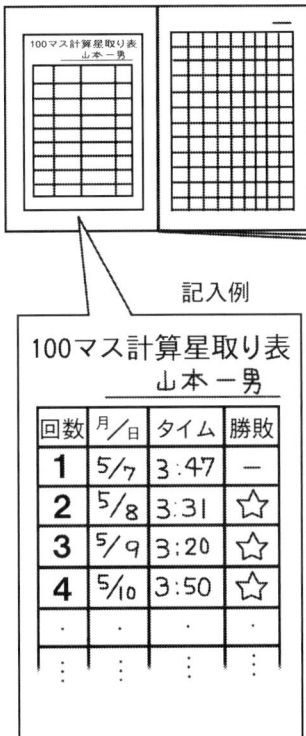

コンパスに慣れる

円と球の学習で、子どもたちは初めてコンパスを使います。慣れないうちはコンパスで正しく円を描くことは、難しい作業です。コンパスの使い方に慣れるため、練習の機会をつくりたいものです。

すすめ方

コンパスをひねる練習をたっぷりと

○円の学習に入る前にコンパスで円を描く練習を

先行体験として、マッチ棒やつまようじを芯にしたコマ回しをさせるのもよいと思います。コンパスのねじ部分を持ってひねる練習を何度もしましょう。

先行体験のあとはコンパスで円を描くことから始めずに、コンパスの両脚を開いての回転の練習や線分を同じ長さにくぎる練習から始めます。

○コンパスの針をしっかり固定して練習する

①コンパスの両脚を大き目に開いて、針の部分を段ボール紙に突き刺し、鉛筆部分を浮かせて回転だけ練習します。

②回転が滑らかにできるようになったら、鉛筆部分を段ボール紙につけ、その上に円を描く練習をしましょう。

③針がしっかり刺さる段ボール紙上で描けるようになったら、薄い紙の上でも練習をします。下敷きは滑るので使いません。

ポイント・工夫

完璧な円を描くことより慣れること

１回転させるのが難しいときは、半回転だけで描き、さらに逆向きに半回転で描いてもよいでしょう。練習が簡単で楽しくなるようなプリントを工夫してつくりましょう。右ページのプリントは、①から順に４分の１円→半分の円→円と練習できます。Ｂ５判をＢ４判に拡大して使用します。

まとめや次への見通し

①線分に分ける、半回転、１回転と練習を進めて、コンパスで美しい円が描けるようにして、「円」の学習に入るとよいでしょう。

コンパス　プリント

名(　　　　　　　　　　)

①

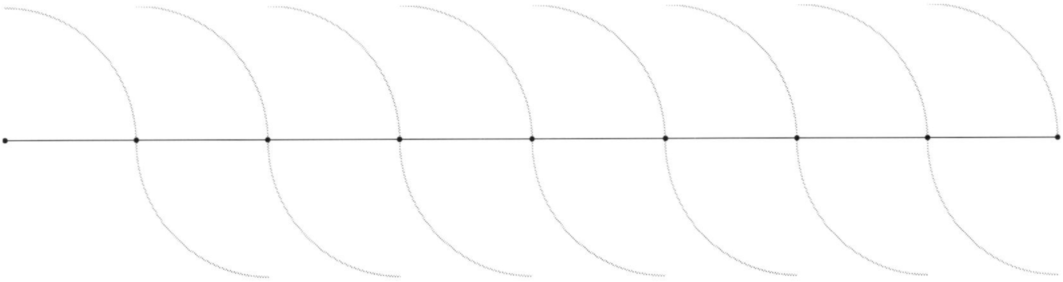

・を中心に4分の1円をかく練習

②

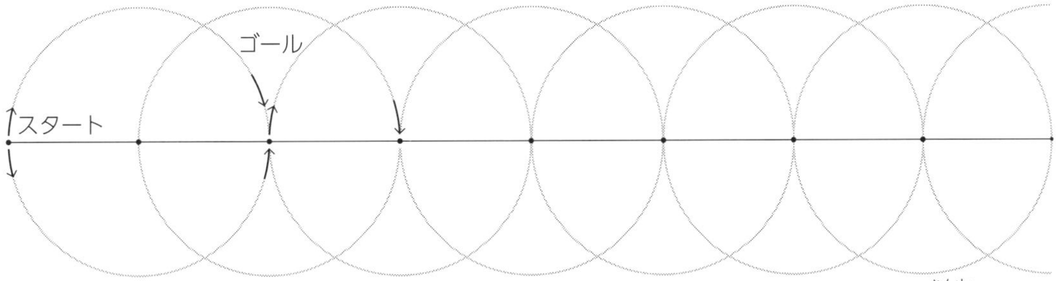

・を中心に半円をかく練習。上の半分が最後までできたら、下の半分を作ってもようを完成《かんせい》させよう。

③

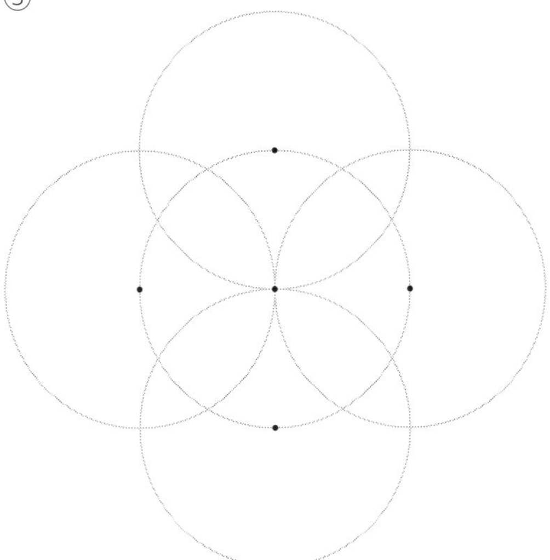

・を中心に5つの円

④

コンパスだけつかって
くまをかこう

連絡帳を最高の字で

ていねいな字を練習させるのに最適なのが、毎日書く連絡帳です。始業式の日から「今日の最高の字で書きましょう」と意識して書かせることができます。昨日よりも上手に書けていたら教師は評価し、継続させてていねいに書く習慣をつけます。

すすめ方

だんだんⒶを大きくする

○今日１日の最高の字で書こうと呼びかける

連絡帳は家庭にも見せるので、今日１日の最高の字で書こうと呼びかけます。教師は「きれいに書けていたらⒶをつけるよ」と言ってがんばらせます。

○子どもが楽しみな評価をする

昨日よりもていねいに書けていたらⒶを少し大きくします。右資料のように、だんだん大きくしていってノートに入りきらなくなったら、新しいⒶを小さく書きます。Ⓐの他、リンゴやサクラの花びらの形など、子どもたちが楽しみにしてくれるようなものがよいでしょう。

○新しく習った漢字も使う

「今日の宿題」や「漢字の練習」など、３年生で新しく習った漢字を積極的に使うようにさせます。ていねいに字を書く練習と漢字の習得と一石二鳥です。

ポイント・工夫

連絡帳は必ず朝に出す

連絡帳をいつどのように提出させ、教師が点検するかを決めておくことが大切です。登校してきたら、宿題と一緒に連絡帳も提出させます。こうしておくと、教師は休み時間などを使って点検することができます。家庭からの連絡事項がある場合も早めに知ることができます。

● まとめや次への見通し

①連絡帳を書字練習のとりくみとしても位置づけます。
②昨日の字よりもていねいに書くことを意識させ、遊び心のある評価をすることで楽しく続けさせます。
③このやり方を１年間続けます。

今日の最高の文字で書こう

① 子どもが楽しみにする評価の方法で

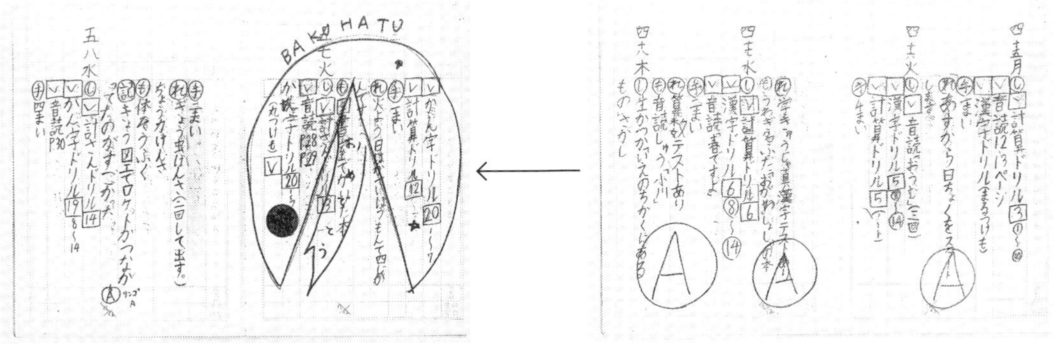

こんな評価も楽しい

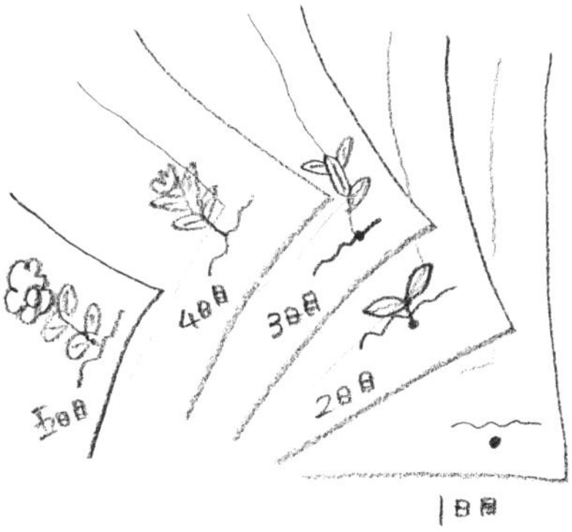

毎日少しずつ成長している様子
をイラストに

② 連絡帳は宿題といっしょに朝提出

家庭学習の指導

読み・書き・計算の力は継続してこそ身についてきます。一方、授業時間内にとりくむ量は限られていて、家庭でも継続してとりくませることが必要になってきます。またこの時期に、家庭で学習する習慣をつけることは重要な課題です。

すすめ方

宿題はシンプルに、決まった量で

○初めて宿題を出すときは

学校でやり方を説明し、実際にさせてみてやり方を覚えさせます。

○読み・書き・計算を基本に内容をパターン化

内容は、読み・書き・計算を基本に、誰でもできるやさしくてシンプルなものにします。

①読み　教科書で今習っている単元の音読

②書き　漢字練習、視写など

お手本があり、わからないときは見て書けばよいようにする。

③計算　既習の計算練習、今習っている単元の練習。100マス計算

計算ドリル、漢字ドリルを宿題にする場合は、専用のノートを用意します。右のような「書き」と「計算」を１枚にしたプリントもよいでしょう。

ポイント・工夫

毎日の点検方法に工夫を

家庭学習の習慣を定着させ、子どものがんばりを励ますためには、毎日の点検が必要です。点検方法や答え合わせを工夫しましょう。

家庭にも、点検のサインをしていただくなどの協力を得ながら、関心をもってもらうようにします。

まとめや次への見通し

①計算ドリル、漢字ドリルは、専用のノートを用意すると「夏休みの宿題」（74ページ）の準備で助かります。

②１年間、これを継続させ、３学期には自主学習にもとりくめるようにします。

◎「書き」と「計算」を１枚にしたプリント例

- 「マス計算の数字」「新出漢字を使った短文」は教師が書きこむ
- 「計算」は教科書の問題などを指定する

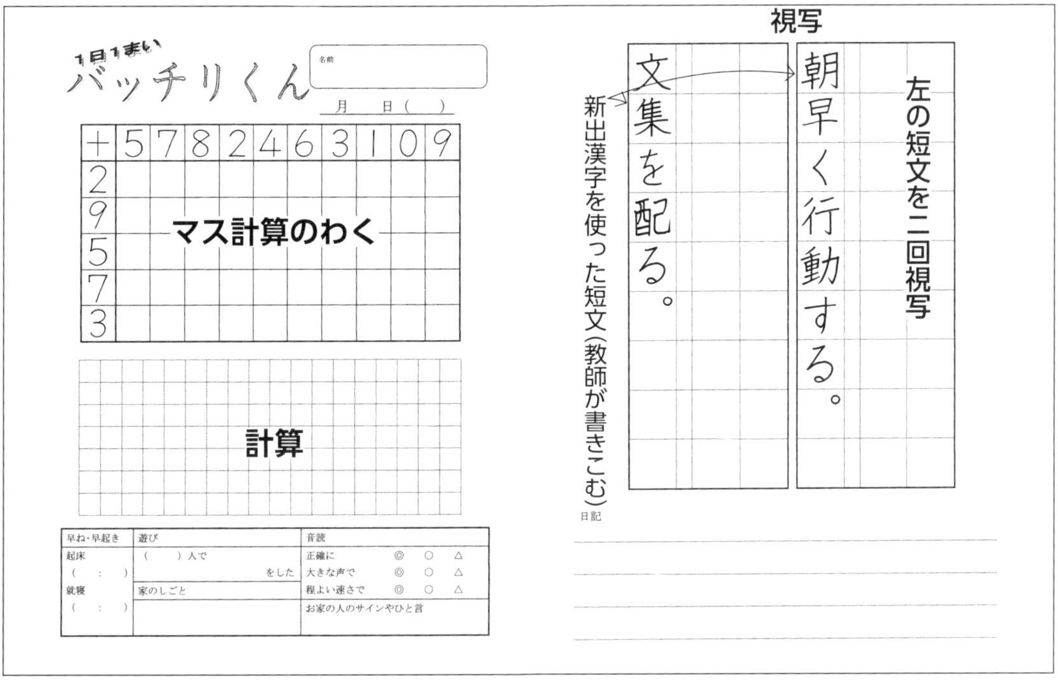

1日1まい バッチリくん

名前

月　日（　）

+	5	7	8	2	4	6	3	1	0	9
2										
9										
5										
7										
3										

マス計算のわく

計算

早ね・早起き	遊び	音読
起床 （　:　） 就寝 （　:　）	（　　）人で をした 家のしごと	正確に　◎　○　△ 大きな声で　◎　○　△ 程よい速さで　◎　○　△ お家の人のサインやひと言

視写

左の短文を二回視写

朝早く行動する。

文集を配る。

新出漢字を使った短文（教師が書きこむ）

日記

Ｂ５判巻末掲載（巻末資料をＢ４判に拡大して使用してください）

◎宿題の点検は班ごとに

- 班のリーダーさんに集めてもらうとよい

最初の学習参観◎保護者に安心してもらう

二つのことを心がけます。きちんと勉強していることと、楽しく勉強していることの二つです。この二つを保護者に見てもらえるように計画します。

すすめ方

凛々しく、楽しい授業

○凛々しく→新出漢字の学習を見てもらう

普段している新出漢字の学習は、毎日きちんと続けており、すでに全員が進め方もわかっています。「これから新出漢字を勉強します」「はい！」「音読みは」「キ」「訓読みは」「おきる」…のように全員が流れるように、きちんとできるところを見てもらいましょう。保護者は、「勉強をきちんと教えてくれて安心だなあ」と感じてくれます。

○楽しく→音読

指揮棒などで黒板をトントンとたたきながらリズムを取り、「すっとびとびすけ」や「とっきっき」などの短い詩をみんなで音読します。教師と子どもたちの掛け合いで読むとより楽しくなります。「もっとリズムを速くして」と子どもたちから声がかかったりもします。みんなが楽しく勉強しているところを見てもらえます。

○今学習している単元の読み取り

一問一答でかまいませんので、たくさんの発問を考えて、できるだけ多くの子が答えられるように準備しておきましょう。

ポイント・工夫

飽きさせずテキパキ進める

一つのことをだらだらするのではなく、45分を３分割して、漢字→音読→読解とテキパキと進めていくのがいいでしょう。場面が変わって見ている方も飽きません。音読は当日までに練習して、楽しいことを実感させておくと、当日「音読をします」と言っただけで子どもたちから歓声があがります。

まとめや次への見通し

①全員がしっかり勉強にとりくんでいることを見てもらえると、保護者との信頼関係が強まりその後の指導がうまく進みます。この１時間にエネルギーをそそぎましょう。

最初の学習参観がうまくいくポイント

〈国語の場合〉

① きちんと漢字

起
キ
お(きる)

② 楽しく音読

とっきっき
とっきっき
とっぽっ
とっぽぽ
ふくろから…
とっきっきの…

③ たくさんの発問を―みんなの出番をつくる

① 題名は何ですか。

② 作者は誰ですか。

③ 登場人物を言いましょう。

④ いつのできごとですか。朝ですか、昼ですか、夜ですか。

⑤ 場所はどこでしょう。

ほめてほめて、またほめて、「明るい歌声」を教室に響かせよう

３年生はほめられることが大好きです。音楽でもそうです。気になるところを指摘するよりも、少しでもいいところを「今の声の出し方、いいねえ！」とほめてあげましょう。

1．たとえ下手でも…

音楽の時間に歌を歌わせると、はじめは声が小さかったり、そろっていなかったりして、決してうまい歌い方ではないかもしれません。そこで「声が小さいよ」とか「そろっていないよ」と言ってもなかなかよくなりません。それよりもほめることの方が効果があります。

どんな小さなことでもいいので、歌っているときのいいところを探して、ほめてほめてほめまくりましょう。声がどんどん変わります。のびのびと歌えるようになると、学級がだんだんいい雰囲気になってきます。

2．変化を付けてくり返す

歌詞で歌ったあとは、階名で歌ったり、ときには「パ」や「ポ」だけで歌ったりと、変化を付けて楽しく歌います。

「口を大きく開けて」と言うよりも、「パで歌おう」と言った方が口が大きく開いたりします。

慣れてきたら、「パ」「ピ」「プ」「ペ」「ポ」と書いた画用紙を用意しておいて、教師があげた画用紙の音で歌わせると楽しいですよ。１曲のうちで、くぎりのいいところであげる画用紙を変えます。子どもたちは、いつ画用紙が変わるのかなとにこにこ顔で歌っています。

3．歌わないという歌い方も

また、あらかじめ決めておいた音は歌わないという方法もおもしろいですよ。

たとえば、「さ」の音は歌わないと決めて「春の小川」を歌わせてみましょう。

「はーるの　おがわは○ら○ら　ゆくよ…」のように、○の部分は歌わないわけです。

「すーがた　や○しく　いろうつくしく　○けよ○けよと　○○やきながら」と歌い終わるとホッとしたような、でも楽しかったような表情をしています。

「やまねこバンガロー」を「バ」を抜かして歌うのもおもしろいですよ。ぜひやってみてください。

ちゃんと歌っていることを示したくて○以外の声が大きくなったりもします。

友だちの声に関心をもって耳を傾けてくれるようにもなります。

バリエーションとして、歌わないところでは拍手をするとか、逆にその音だけ歌うなどの方法も考えられます。

曲によっていろいろと工夫してみてください。

4．リクエストさせる

最初は「この曲を歌おう」と教師が呼びかけても、次の曲は「どれにする？」と子どもたちに聞いてみるのも喜びます。

子どもたちは独自の感覚で歌の好みをもっています。好きな歌を選ばせてあげて、リクエストに応えて時間のある限り歌うというのもたまにはいいものです。

5．校長先生も呼んでくる

立って歌ったり、向き合って歌ったり、後ろを向いて歌ったり、といろいろ場面をかえるとまた新たな気持ちで歌ってくれます。

「校長室まで聞こえるように歌おう」などと声かけをしたり、実際に校長先生に来てもらって聞いてもらうのもいいでしょう。

音楽の授業はもちろん、朝の会やお楽しみ会でも歌うことを楽しむ１年間になります。３年生の子どもたちにぴったりの実践です。

完璧読み◎レベルの高い読みをめざす

みんなと一緒に読んでいる間は、教師も子ども自身も正確に読めているかどうかわかりません。一人で読むとけっこう読みまちがえたり、つかえたりすることがあります。声も自信がなく弱々しかったりします。一人でも、正しくすらすらと、自信をもって読めるようにしましょう。

すすめ方

一人でも正しく、自信をもって読めるを目標に

○完璧読みテストにチャレンジ

教師がまず、完璧読みの評価点を示します。

①はっきりとした声で読む。

②まちがえたり、つかえたりすることなく、すらすら読む。

③句読点では、間を置く。

一定の練習期間をとり、授業時間や宿題で練習させます。

テスト本番は、みんなの前で一人ずつ音読をし、全員で聞き合って、評価点に沿って合否の評価をします。

○再チャレンジの機会をつくる

合格できなかった子は、さらに練習し、再度チャレンジする機会をつくります。再チャレンジのときは、①合格した子どもが聞く、②班のメンバーで聞き合う、などの方法で時間がかからないように工夫します。

ポイント・工夫

苦手な子には、合格しやすい手立てを

評価の基準をはっきり決めておくと、練習の目安になり、子ども同士で聞き合うときにもスムーズです。たとえば、まちがえやつかえは1回ならばOK、2回目以降はアウトなど。苦手な子には、連れ読みや交代読みで練習させます。読む範囲を限定したり、少なめにして合格できるようにします。

● まとめや次への見通し

①みんなの前で読み合うことにより、聞き手を意識したレベルの高い読み方をめざします。読みの力と自信は、いろいろな発表の場で役に立ちます。

月　　日

本読み聞き合いカード

3年　　組

読む人の名前	はっきりと大きな声で読む	正しくすらすら読む	「、」や「。」で間をおく	読む人の名前	はっきりと大きな声で読む	正しくすらすら読む	「、」や「。」で間をおく

読書の習慣

映像の力を借りなくても、読んでイメージを描き、内容を楽しむことができることは、学力向上の面だけでなく、情緒の安定、豊かな想像力を育むうえで大切な課題です。読書の楽しさを伝え、習慣づくりを学校で進めていく必要があります。

すすめ方

本に触れる機会と環境を豊かに

読み聞かせと一人読書を並行してとりくみます。読んだ本は読書カードに記録させます。

○教師が読み聞かせをする

中学年であっても子どもたちは読んでもらうことが大好きです。朝の会、授業中、給食後のすき間時間など、本の内容や長さによって、時間や時期を選び読み聞かせをしましょう。

本に興味のない子や、一人で読書をするのが苦手な子にも教師の読み聞かせで本の楽しさに触れさせます。

○読みたい本がすぐそばにある環境を整える

家庭にある本を持ち寄ったり、公共図書館の団体貸出しを利用して、学級文庫を充実させます。

机のなかか、机横の手提げかばんに読みかけの本を常時1冊入れておくようにし、課題が早く終わったときや給食の配膳待ちといったすき間時間にはいつでも読めるようにします。

ポイント・工夫

読書のとりくみを習慣化する

週に１時間は図書室を利用し、図書の返却・貸出をします。また、朝の始業前の15分間を利用して朝の読書にとりくんだり、「○○の読書週間」などと、期間を決めて継続的に15分程度集中して静かに本を読む時間をとります。読書が苦手な子には、絵本やページ数の少ない本から読むように指導し、読み切ったことに達成感をもたせ、読書への意欲につなげます。

まとめや次への見通し

①１年間この方法を基本にとりくみます。

②読んだ本を記録することで、自分の読書の傾向がつかめるだけでなく、読書への意欲や自信をもつことにもつながります。

いつでも読書、どこでも読書

① 週に1時間、図書室を利用する

このポスターがはられたら静かにしましょう
おしゃべりしないで読もう！

……
しーん
しーん
シーン
今は
しんしんタイム

② 読み聞かせと一人読書を並行して

学級文庫
完成!!

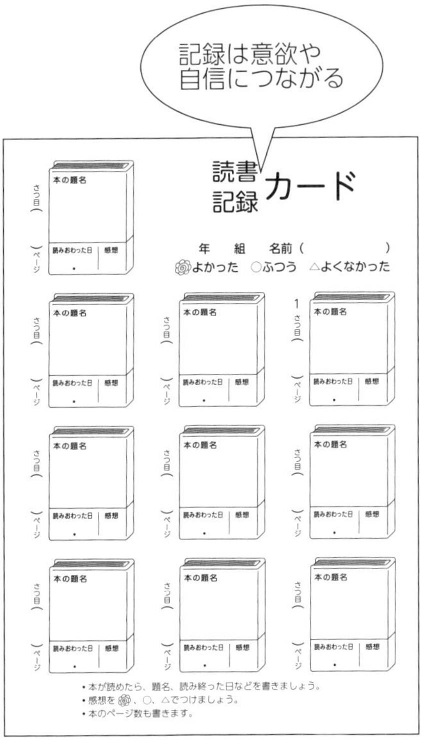

記録は意欲や自信につながる
読書記録カード
年　組　名前（　　　）
よかった　○ふつう　△よくなかった
本の題名
さつ目
ページ
読みおわった日
感想
・本が読めたら、題名、読み終った日などを書きましょう。
・感想を◎、○、△でつけましょう。
・本のページ数も書きます。

（カード実物大巻末掲載）

課題が終わったから本を読もう！

漢字小テストの仕方

新出漢字をていねいに教えてもテストで確認しないと定着しません。漢字テストをするときはいきなり実施するのではなく、きちんと練習してから行うようにします。

すすめ方

漢字ドリル10問を３日で

５月のGW明けくらいの、新出漢字の学習が10字（１日２字で５日間）になった頃テストをします。

○１日目　漢字仮名交じり文を写す

これまで学習した漢字ドリルの漢字仮名交じり文10問を宿題にします。漢字仮名交じり文をそのままノートに写します。朝ノートを集めて、教師が丸をして返します。

○２日目　読みだけのページを見て書く

ひらがなのページを見て漢字仮名交じり文に直して書かせます。わからないところがあったら、ドリルの漢字仮名交じり文を見てもいいことにします。これで同じ漢字仮名交じり文を２回練習したことになります。１日目と同じように教師が丸をつけて返します。

○３日目　うそテスト

３日目は、もう一度ひらがなのページを見て漢字を書きます。できたら答えを見て自分で丸つけまでします。以上を３日間宿題としてやった後に、学校で漢字小テストを行います。

ポイント・工夫

時間を有効に　テスト用紙には問題を書いておく

この漢字テストをするときには、黒板に問題を書くのではなく、テスト用紙に書いて印刷しておくと、時間が有効に使えます。子どもたちは配られたらすぐに自分でとりくむことができ、教師は遅れがちな子のところに行って、個別指導をすることができます。

まとめや次への見通し

①「３日で10問」をシステム化しておくと、いつテストをするのか明確になり、家庭学習の習慣化にもなります。

②学期末にあわてることなく、余裕をもって終わることができます。

漢字小テストの進め方～家庭学習（宿題）でとりくみます

① 本番テストまで３回練習できる

1日目

漢字ドリルの漢字かな交じり文を見てノートに書き写す

2日目

漢字ドリルのひらがなの方を見てノートに書く。わからない所をそのつどウラを見て書く

3日目

漢字ドリルのひらがなの方を見て書く。テストのつもりでウラは見ない。自分でマルつけもする

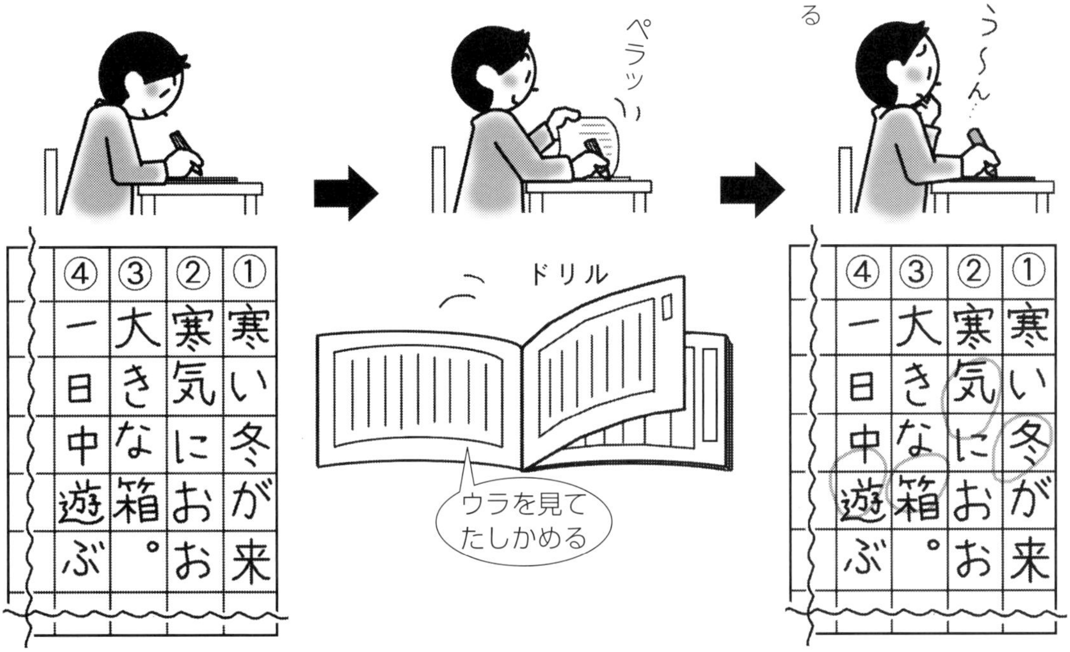
ペラッ
う～ん…
① 寒い冬が来
② 寒気におお
③ 大きな箱。
④ 一日中遊ぶ
ドリル
ウラを見て
たしかめる

② テスト用紙を準備しておく

小テスト例

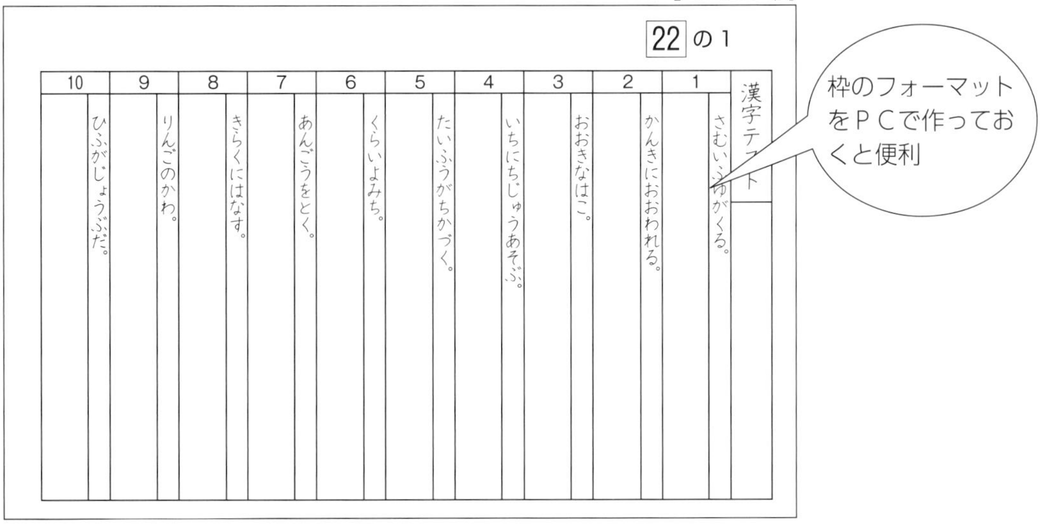
22 の１
漢字テスト
1 さむいふゆがくる。
2 かんきにおおわれる。
3 おおきなはこ。
4 いちにちじゅうあそぶ。
5 たいふうがちかづく。
6 くらいよみち。
7 あんごうをとく。
8 きらくにはなす。
9 りんごのかわ。
10 ひふがじょうぶだ。
枠のフォーマットをＰＣで作っておくと便利

初めての毛筆１◎準備と最初の一筆

毛筆習字の指導には大変時間がかかります。用意の仕方や片付け方などをていねいに教えて、スムーズに進められるようにします。

すすめ方

スタート前に周到な準備を

○道具の置き場所を決める

下じきは机の真ん中、子どものおへその位置に、硯ケースは右側、手本は左側、というように道具の位置を図か写真で見えるようにして掲示しておきます（右ページ参照）。

墨汁は使ったら道具ケースのなかにしまいます。書いた半紙を挟んでおく新聞紙も机の横につらせておくと場所を取らないので便利です。

○１枚目は手本をなぞらせる

習い始めは半紙のどの位置から書き始めるのかがわかりにくいものです。手本を更紙に印刷したり、箱字のプリントを作ったりしてそれをなぞらせるといいでしょう。

○姿勢や筆の使い方に慣れさせる

最初は「一」の練習や縦棒、左払い右払いなど、筆で書く感覚を楽しませます。その際、肘をあげて筆を紙と直角にすることも教えます。始筆や終筆なども「トン、スー、トン」など、わかりやすい言葉で説明しましょう。

ポイント・工夫

初めての毛筆は５時間目が最適

初めての毛筆の時間は、予想以上に時間がかかるものです。時間割を工夫して、午後の一番最後の時間に書写の時間をとるとか放課後に会議などの予定がない日にするなど、余裕をもってとりくめる日を選びましょう。手洗い場が混むことも考えて、学年で相談して調節しておくといいでしょう。

まとめや次への見通し

①毛筆の指導は学年でよく相談し、しっかりと計画を立ててからとりくみましょう。行き当たりばったりで始めると、思いのほか時間がかかり後でどっと疲れます。

毛筆習字の成功は準備で決まる

① 道具の配置

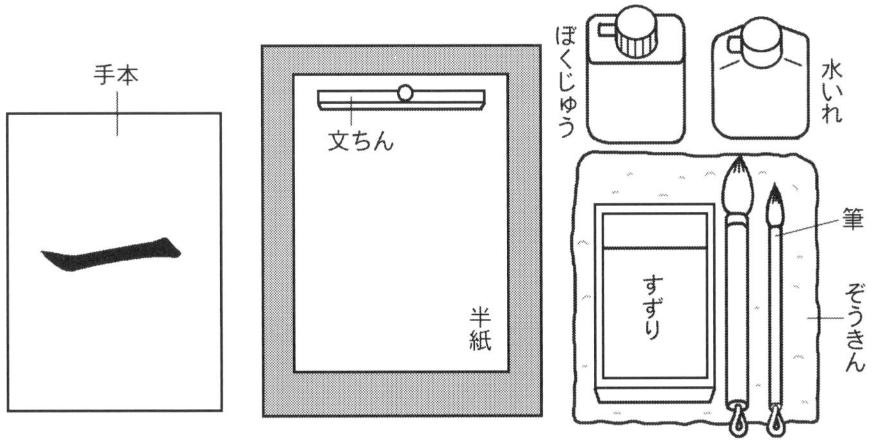
手本
文ちん
半紙
ぼくじゅう
水いれ
すずり
筆
ぞうきん

② 練習した半紙をはさんで保存

新聞紙を使ったバインダーの作り方

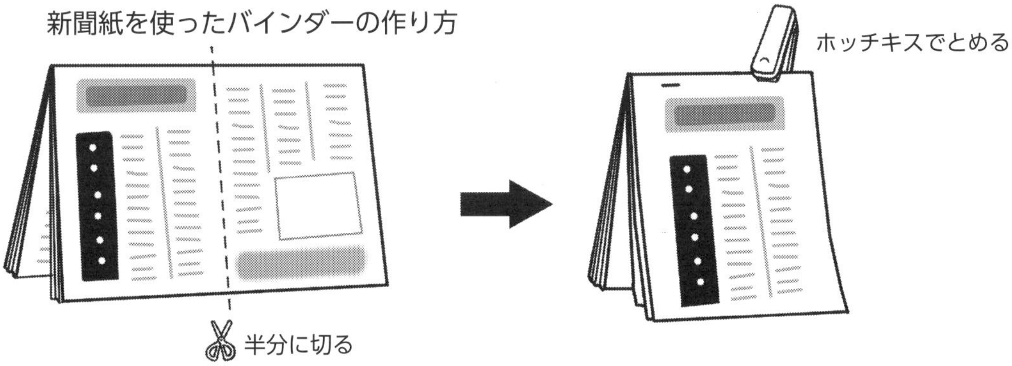
ホッチキスでとめる
半分に切る

練習しおわったらはさんでおく
せんたくばさみでつりさげておくとじゃまにならない

初めての毛筆２◎後片付け

習字が終わった後の片付け方もきちんと決めておくことが大切です。やり方がわかれば、子どもたちはテキパキと片付けができます。

すすめ方

筆は水洗いしてからしまう

○名前の手本を作っておく

小筆を使うまでの間はフェルトペンなどで名前を書かせます。慣れてきて小筆を使うようになったら、一人ひとりの名前の手本を作ってあげましょう。パソコンで毛筆体を選んで作れば簡単です。ラミネートしておけば１年通して使えます。

○筆は水洗い、小筆はそのまま

墨がついたまま片付けると次に使用するときに固まってしまい、柔らかくするのが大変です。筆は手洗い場で洗わせ、習字用のぞうきんで水気をふかせます。小筆は反故紙でふき取ってしまいます。

○清書の提出の仕方、片付け方を知らせておく

清書ができあがったら、どのように提出するかを決めておくことも大切です。教室の前の方に提出用の古新聞を置いておき、その間に挟んで提出させます。硯に残った墨汁は反故紙でふきとらせます。

ポイント・工夫

片付けの時間に遊んでしまわないように

片付け方を指導しておかないと手洗い場を墨で汚したり、互いに顔に墨を付け合ったりして遊ぶ子が出てきます。そうならないための事前の手立てを打っておきましょう。早く終わって片付けた子は読書をしておく、などのルールを決めておくといいでしょう。

● まとめや次への見通し

①毛筆は３年生で初めて学習するので軌道に乗るまでが大変ですが、何度も手順を確認して共通理解しながら進めていくと、子どもたちはスムーズにできるようになります。

◎毛筆学習の手順を何度も確認しよう

- 準備→ものの配置に注意
- 練習
- 清書→提出の仕方を決める
- 後片付けの仕方→終了したら洗う

すべて終わって
時間が余ったら
読書

◎片付け方

大筆
手洗い場で洗う
①
②
始めに①で墨を落とし
次に②で洗う
練習した
半紙や
新聞紙で
ふく
小筆
紙でふきとる
すずり
紙でふきとる
たくさん
紙ゴミが
出るね
大型のゴミ袋を
用意する

◎名前のお手本の作り方

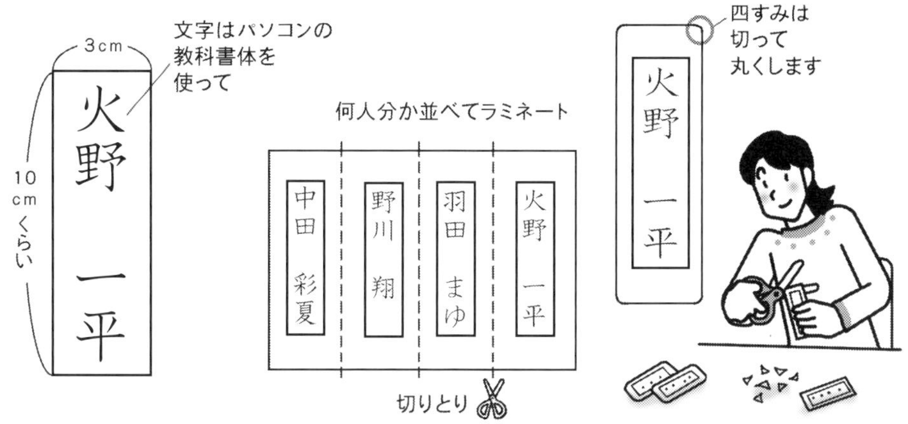

3cm
文字はパソコンの
教科書体を
使って
火野
一平
10cmくらい
何人分か並べてラミネート
中田 彩夏
野川 翔
羽田 まゆ
火野 一平
切りとり
四すみは
切って
丸くします

使い終わったノートをためる

自分が一生懸命に書いたノートはいとおしいものです。ていねいに使っていると愛着がわきます。ノート指導をていねいにし、そんなノートをためて、子どもに成長を実感させ、自信をもたせましょう。

すすめ方

最後まで使い切ったノートは大切に保存

○全員同じ形式のノートでていねいなノート指導を

学習で使うノートはマスや行を指定し、可能な限り全員が同じものを使うようにします。ノートをそろえておくと、ノート指導がしやすくなります。上から何マスあけて題名を書く、１行あけて次の問題を書く、など指示をしながらノートを書かせることができます。

○ノートに点数をつける

ほっておくと、だんだんノートの字が乱雑になります。ときどきノートを集めて、ていねいに書けているか点検しましょう。さっと目を通し、100点満点で点数をつけます。あまりにひどいときは書き直しをさせます。教師がこまめに点検していると、子どもたちは励みにします。

○使い終わったノートは教室で保存する

使い終わったノートは捨てられることが多いようです。それまでの学習の貴重な記録なのにもったいないことです。教室で保存して、学習の足跡を残すようにします。

ポイント・工夫

学習した記録が目に見える

使い終わったノートは提出させて、全員の物を一か所に保存するようにします。だんだんノートがたまっていくのが目に見えてわかります。積み上げていくと、学年の終わりには天井に届くくらいになります。ノートを積み上げた高さを測って「今何センチ」などと途中経過を知らせると励みになります。

まとめや次への見通し

①前の学年で使っていたノートを引き続き使わせますが、５月頃になるとそろそろ使い終わる子も出てきます。その頃から学年末まで続けましょう。

1年間の学習の成果が一目でわかる

ノート指導のポイントは、教師のこまめな点検
教師の点検が励みになり、ノートがていねいにとられるようになる
① ノートは一人ひとりの学習のログ
ていねいに書けているね
ノート1冊終わりました
② 教室で保存しよう
ここに置くね!
5月8日
日直
ノート
③ クラス全員でどれだけ学習したか一目でわかる
1年間がんばると200冊、1mくらいに!
3月18日

3桁の筆算◎計算に自信をもたせるチャンス

２年生で習ったことを土台にして、３桁同士のたし算・ひき算をします。今まで筆算を苦手に感じていた子にも自信をつけさせるチャンスです。ここでは３桁の筆算について、どの子もできるようにするポイントを示します。

すすめ方

どの子も力がつく３ポイント

○方眼ノートで位をそろえて数字を書かせる

位をそろえて書くこと。これが第一に重要なことです。遅れがちな子は、斜めに書いてしまったり、ちがう位に書いてしまったりして、まちがえることがしばしばです。１センチ方眼などのノートの１マスに一つの数字を書くようにし、位がはっきりわかるようにします。教師が黒板に書くときにも、黒板にマス目を書いておくとバッチリです。

○音声化で筆算の手順を理解させる

一の位から計算し、くり上がりやくり下がりでは必ず補助数字を書くことを徹底させます。「３から５はひけません。十の位から10もらって…」のように全員で筆算の手順を音声化することが大切です。

○練習量を増やす

３年生は競争するのが大好きです。早く計算できた子からノートを教師に見せ、正解したら黒板に書かせます。できたらドリルを使うなどしてどんどん練習させることです。

ポイント・工夫

計算の型分けをして計算練習

教科書では、難しい空位のある計算問題がいきなり出てきたりしています。型分けしてやり方を教えてから同じ型の問題にとりくませます。ポイントを絞りその課題が達成できるようにしていけば、できるようになっていくことが子どもたちに実感されることでしょう。

まとめや次への見通し

①極端に遅れている子がいる場合には、２年生の２桁の筆算にまで戻って、全員でさかのぼり学習をすると効果的です。すでにできている子も喜んでとりくみます。

どの子にも筆算の力をつける

① 方眼ノートを使う

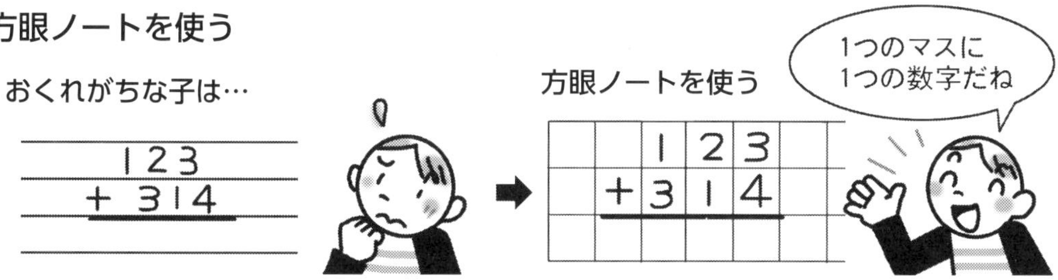
おくれがちな子は…
123
+ 314
方眼ノートを使う
1つのマスに
1つの数字だね
123
+314

② 音声化してみんなで計算する

573
−245
573
−245
3から5は
ひけません
必ず
補助数字！
6
573
−245
7から
10もらって！
6 5
573
−245
8
10ひく5＝5
5と3で8

③ どんどん練習する

ハイ、
○です
3けたのたし算
631
+237
868
405
+183

とくに難しい型は…

たし算

○くり上がって一の位や十の位が0になるもの

$$\begin{array}{r} 6\ 8\ 9 \\ +\ 2\ 7\ 1 \\ \hline \end{array} \qquad \begin{array}{r} 2\ 0\ 1 \\ +\ 1\ 9\ 9 \\ \hline \end{array}$$

ひき算

○一の位にくり下がりがあり、十の位が空位のもの

$$\begin{array}{r} 4\ 0\ 2 \\ -\ 1\ 5\ 4 \\ \hline \end{array} \qquad \begin{array}{r} 8\ 0\ 0 \\ -\ 3\ 2\ 8 \\ \hline \end{array}$$

穴空き九九でわり算につなげる

３年生で初めてわり算を学習しますが、かけ算との関係をしっかり押さえておくと理解がしやすいです。そこで、穴空き九九に習熟して、瞬時にわり算の答えを出すことができるようにしましょう。

すすめ方

九九の習熟と同じような道筋で

わり算の単元に入る前に算数授業の始めを使ってします。

○プリントを２種類用意します。

九九の順に並んだ穴空き九九（とくにまちがえやすい段）のプリントと、九九がアトランダムに並んだものです（右ページ参照）。

○全員で唱えながら穴を埋める

まず順に並んだものを全員で九九を唱えながら穴を埋めます。次に九九の順をバラバラにした穴空き九九のプリントを全員で唱えながら穴を埋めていきます。

○各自でプリントをする

全員が慣れてきたら、プリントを各自でします。さらに時間を計って習熟させるようにします。

ポイント・工夫

苦手な段を取り出して

九九表を持たせてすると苦手な子も安心してできます。

かけ算のおさらいと同様に、まちがいの多い段の取り出し練習もします。また一人でプリントをすると時間がかかる子が多いときは、前段階の全員で九九を唱えながら穴を埋める作業をくり返します。

まとめや次への見通し

①何度もくり返し練習することで穴空き九九の習熟をはかり、わり算の単元につなげます。

かけ算とわり算につなぐとりくみ

あなあき九九　　名前

▶（　）にあてはまる数を書きましょう。

6×(　)=30	7×(　)=28	8×(　)=8
6×(　)=12	7×(　)=0	8×(　)=32
6×(　)=42	7×(　)=42	8×(　)=64
6×(　)=24	7×(　)=63	8×(　)=24
6×(　)=54	7×(　)=35	8×(　)=40
6×(　)=36	7×(　)=14	8×(　)=72
6×(　)=6	7×(　)=49	8×(　)=16
6×(　)=18	7×(　)=21	8×(　)=48
6×(　)=48	7×(　)=56	8×(　)=0
6×(　)=0	7×(　)=28	8×(　)=56
6×(　)=12	7×(　)=7	8×(　)=24
6×(　)=36	7×(　)=42	8×(　)=48
6×(　)=54	7×(　)=21	8×(　)=8
6×(　)=42	7×(　)=56	8×(　)=72
6×(　)=18	7×(　)=28	8×(　)=40

あなあき九九100問　　名前

▶（　）にあてはまる数を書きましょう。

6×(　)=42	7×(　)=49	7×(　)=28	6×(　)=54
6×(　)=6	3×(　)=9	8×(　)=48	1×(　)=5
6×(　)=0	9×(　)=81	2×(　)=6	7×(　)=7
2×(　)=12	4×(　)=12	6×(　)=48	7×(　)=35
7×(　)=21	4×(　)=36	3×(　)=18	9×(　)=9
4×(　)=0	2×(　)=16	3×(　)=15	4×(　)=28
5×(　)=20	2×(　)=4	7×(　)=63	8×(　)=72
1×(　)=3	3×(　)=6	6×(　)=30	4×(　)=32
8×(　)=32	2×(　)=2	7×(　)=28	7×(　)−0
3×(　)=3	7×(　)=56	6×(　)=54	7×(　)=7
8×(　)=16	4×(　)=20	1×(　)−1	5×(　)=40
6×(　)=42	3×(　)=27	1×(　)=4	9×(　)=27
8×(　)=56	6×(　)=42	7×(　)=56	7×(　)=42
5×(　)=35	8×(　)=0	6×(　)=36	2×(　)=8
1×(　)=0	6×(　)=24	9×(　)=0	9×(　)=45
9×(　)=18	1×(　)=7	6×(　)=12	5×(　)=0
2×(　)=18	5×(　)=25	8×(　)=24	1×(　)=8
8×(　)=8	4×(　)=16	6×(　)=18	7×(　)=14
9×(　)=36	9×(　)=63	3×(　)=24	4×(　)=8
9×(　)=72	7×(　)=42	8×(　)=56	5×(　)=5
5×(　)=45	7×(　)=49	1×(　)=9	2×(　)=10
3×(　)=0	5×(　)=10	3×(　)=12	9×(　)=54
5×(　)=15	2×(　)=0	4×(　)=24	1×(　)=6
2×(　)=14	3×(　)=21	4×(　)=4	8×(　)=64
5×(　)=30	1×(　)=2	8×(　)=40	8×(　)=48

B５判実物大プリント巻末掲載

穴空き九九

とりくむ時期：わり算に入る前

目的：わり算とかけ算の関係に着目させる
　　　商が瞬時に立つようにする

すすめ方：左ページ参照

ポイント：九九表を用意する

1週間ほどの
とりくみです

六七《ろくしち》　四十二《しじゅうに》、
六一《ろくいち》が六《ろく》…

100
九九を
おぼえてるから
かんたんだよ

おすすめの実践

虫や花を育てることで理科に親しみを

３年生では理科を初めて学習します。最近は、虫が苦手だったり植物に興味がなかったりする子が増えてきました。アオムシやホウセンカなどを育てたりすることで、自然に親しみをもたせたいものです。

1. 虫博士をリーダーに

３年生のクラス、なかには生き物好きな子が必ずいます。虫のこと、魚のこと、鳥のこと…。そんな子どもたちは大人顔負けの知識をもっています。

そんな子は、たとえ経験や技術が未熟でも、「アオムシのえさってなんだろう」と水を向けてあげれば、みんなの前でどんどん教えてくれます。

そういう虫博士や生き物好きの子を中心にして、教室で虫を飼育したり植物を育てたりしてみましょう。

2. 教師が持ち込む

そうはいっても、子どもが知らないことや見過ごしてしまっていることもたくさんあります。

もしあなたが生きもののことに少しくわしいなら、テントウムシの幼虫をつかまえて教室で見せてあげたり、ガマの穂を持ってきて種が爆発するのを見せてあげたりしてみてはどうでしょう。

私は秋にコオロギを教室に持っていったら、子どもたちが折り紙に「コオロギの家」と書いて飼育ケースに貼ってくれました。

算数の時間中にもコオロギの鳴き声がして、教室が和みました。

3. 経験を豊かに

虫の学習をしていると、校庭からいろいろな生き物を捕まえて教室に持ち込んできます。

可能な範囲で飼育ケースを増やし、世話はできるだけ子どもたちに任せてみましょう。

係や当番を決めておいても３年生はやりたがり屋です。自分がしないと気がすまないところがあります。

私のクラスでもこんなことがありました。

葉っぱを湿らせるように霧吹きを置いていたのですが、何人もがスプレーをして、飼育ケースのなかがびしょびしょになることがありました。

「係の人以外、使用禁止」と言いたいところでしたが、何事も経験が大事と思い直し、あまり叱らず（もちろん注意はしましたが）子どもたちが帰った後に私がきれいにしておきました。

そして、その次からは自分たちできれいにさせました。

4.自分の花を咲かせる

ホウセンカやマリーゴールドを育てるときには、一人ひとりが種をまき、自分の花が咲くようにお膳立てをしてあげることが大事です。

種まきの日に休んでしまった子の分や途中で枯れてしまった子のために、教師が余分に育てておくといいでしょう。

5.基本はどの子にも

子どもたちの興味や関心を大切にしながらどの子にも豊かな経験をつませるという視点で進めましょう。

それとともに基本的な理科の学習内容は全員が理解し、覚えられるように工夫することも大事です。

たとえば、太陽の動きを観察して、「東の空から出て南を通って西へしずむ」とまとめられることも大切です。

昆虫の体のつくりは「『トウキョウノハラ』だよ」、トウ＝頭、キョウ＝胸、のハラ＝腹なーんて、ごろ合わせもちょこっと教えてあげてもいいですね。経験が知識をいかし、知識が経験を広げるのです。

音読名人をめざす

音読はくり返し練習することで上手になっていきます。何度も練習したくなるような練習のルールを提示しておくと、子どもたちはどんどん自主的に読むようになります。教材文を暗唱するほど練習する子も出てくるのはうれしいものです。読解も豊かになります。

すすめ方

家庭任せにせず学校で練習を

○完璧読みのあとも練習を続ける

５月の完璧読みである程度継続した音読練習をしたわけですが、それで終わりではなく息長く音読にとりくむことが大事です。

○わかりやすいルールをつくる

宿題では見開き２ページを読んでくるという課題を毎日出します。途中で文が切れていても２ページでおしまいです。学校で読むときには１ページを単位にして音読にとりくませます。

○子ども同士で読み合う・聞き合う

国語の授業時間に時間をとって、席のとなり同士で読み合い、聞き合いをします。となりの人に合格をもらったら教師のところに来てシールを貼ってもらいます。こうしておくと時間を効率よく使って継続した音読練習ができます。

ポイント・工夫

音読名人をめざす

シールが○○枚（たとえば100枚）たまったら「音読名人」の称号を与えます。このように少し遠い目標をつくっておくと、息長く音読にとりくませることができます。意欲をもってさせることが大切です。音読名人のシステムをつくるだけで、自主的にどんどん練習するようになります。

まとめや次への見通し

①クラスで音読練習のシステムをつくっておくと、一定の力がつくまで子どもたちの自主性にも依拠しながら練習を継続することができます。

3年生の音読練習、ひと味足して

① 音読カードの工夫

「何日目」を入れる

通常音読カードには「月日」や「読むところ」「回数」などを書きこむようになっています。さらに一工夫するとやる気が増します。

たとえば「何日目」を入れるのです。

ずっと続けていると、今日で50日目とわかったり、次の100日目をめざしてがんばっていけます。

音読カード　No.______

何日目	月/日	読むところ	回数	おうちサイン	先生サイン
1					
2					
3					
4					
5					
6					
7					
8					
9					
10					

② 学校で音読

となり同士で聞き合う

- となり同士で１ページずつ読み、聞いている子が「合格」と言ってあげる
- 合格したら先生のところへ行きシールを貼ってもらう

こんな方法も

- 教科書を交かんしてお互い相手の本をもってきく
- まちがえた所を相手の教科書にチェックを入れてあげる

（交換読み）

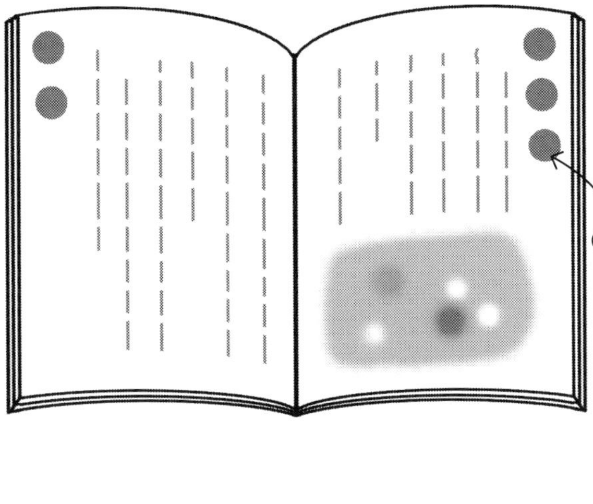

合格シール　合格したら1枚。
教科書のそのページに貼る

慣用句をたくさん調べよう

中学年からは慣用句・ことわざ・故事成語を学習します。慣用句を知っていると「話す・聞く」「書く」の力がより豊かになります。調べる活動を通して、たくさんの慣用句に触れさせたいものです。

すすめ方

「慣用句カード」で競わせる

○身近で聞いたことのある慣用句から入る

「腹が立つ」のように、普段何気なく使っている慣用句を引き合いにして、慣用句がどんなものなのかを知らせます。そして、知っている慣用句を探してみるよう指導します。

○国語辞典を使って慣用句の意味を調べてみる

「目が回る」や「顔が広い」など、子どもたちの実態に合った慣用句を国語辞典で調べさせ、意味のおもしろさを体験させます。

○「慣用句カード」を作り交流

Ｂ５判用紙１枚に一つの慣用句が書けるようにしたカードをたくさん用意します。一つ調べたら、新しい紙をもらって次の慣用句を調べます。時間を保証してどんどん調べていくと、お互いに枚数を意識して自然に競争し合ってがんばりだします。できたカードをまとめて色画用紙で表紙を作り冊子にすると、子どもたちはさらに意欲的になります。

でき上がったカードをお互いに読み合って交流する時間をとりましょう。自分の知らなかった新しい慣用句に気づいたりして、学び合うことができます。

ポイント・工夫

最初はていねいに指導、後はまかせるの二段階で

始めは全員で同じ慣用句を調べます。できれば同じ国語辞典を使って、遅れがちな子には「○ページに載っているよ」などの声かけができると、自分で調べる力が少しずつ育ちます。慣れてくれば、好きな慣用句を自由に調べてカードの枚数を増やしていくことを目標にしましょう。

まとめや次への見通し

①慣用句を調べているうちにことわざにも気づくようになります。２学期のことわざかるたに発展させることができます。

カードをつくって学び合う

① 始めはみんな同じ言葉を調べる

100ページにのってるよ

② どんどん調べる

③ 交流する

- オリジナル慣用句集を友だちと交換し合う
- 台紙に貼って掲示

色画用紙に貼る。

B５の大きさ

慣用句カード No. ______

慣用句	意味	しらべた人
顔が広い	知り合いが多い	川本太郎

★教科書によっては「使い方」や「感想」を書かせる例があるが、このやり方ならより多くの慣用句にふれさせることができる

子どもにわかりやすい慣用句

＊体を使ったもの
頭をかかえる
ほねをおる
むねがおどる
首をひねる
＊動物・植物が出てくる
水をえた魚
竹をわったよう
馬が合う
など

部首を知る◎漢字集めゲーム

子どもがとても楽しむ活動です。ゲームを通じて漢字の部分に着目させ、漢字の意味や漢字のつながりを類推して、漢字への興味も増します。また、書き方を覚えるときにも「きへんに…」「くさかんむりに…」というように部分の組み合わせとして覚えることができます。

すすめ方

漢字の部首に着目

この時期、１年生から積み上げた学習漢字は約300字になります。単調になりがちな漢字練習も、この方法を取り入れると飽きずにできます。

○漢字集めをみんなでする

①漢字の「へん」と「つくり」をばらばらにしたカードを黒板に掲示し、組み合わせてできる漢字を発表させます。

②「へん」と「つくり」の名前を教え、その「へん」「つくり」の漢字を集めます。

○集めた漢字から、「へん」「つくり」の意味を考える

「なぜ、亻はイへんではなくて、にんべんというのでしょう」などと「へん」「つくり」の意味、名前の由来を説明します。

次時には「かんむり」「あし」「にょう」「かまえ」など、他の部首についても同様に漢字集めをして、意味を考えます。たとえば、「道・通・進・遠の部首は、しんにょうです。なぜしんにょうというのでしょう。この漢字の中でシンと読む漢字はありますか」などと部首の意味や名前について説明します。

ポイント・工夫

ゲーム感覚で楽しく学習

漢字集めでは、教科書の巻末にある漢字一覧表などを見て書いてもよいことにします。見つけた漢字を黒板に書きに来させると喜びます。ペアやグループで時間を決めて見つけた字数を競わせたり、漢字辞典などを使って誰も見つけていない漢字を見つけさせたりすると盛り上がります。

まとめや次への見通し

①継続的にすき間時間などを利用して、「ごんべんの漢字５つ」などとお題を出してとりくみます。

②出張時の自習学習にも最適です。自学の課題としてとりくむ子も出てきます。

漢字学習のバリエーション

漢字集めゲーム

①「へん」と「つくり」のカードを黒板に貼ります

② 組み合わせて漢字ができます

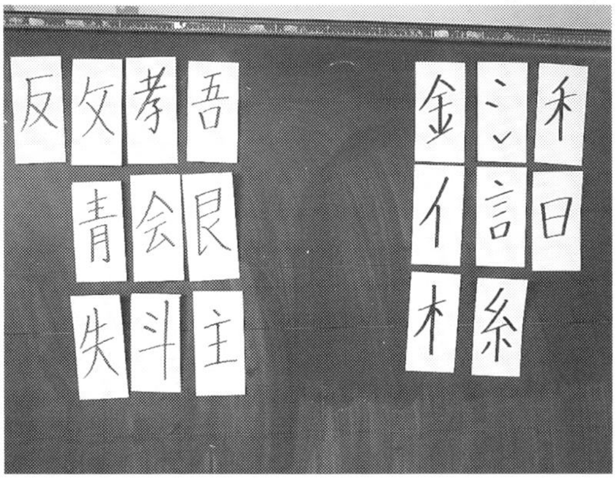

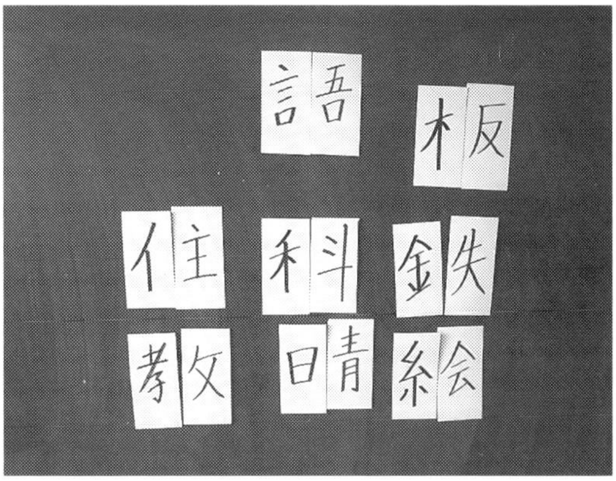

③ 他にも漢字をさがしましょう。

④ たくさん、さがしたね。

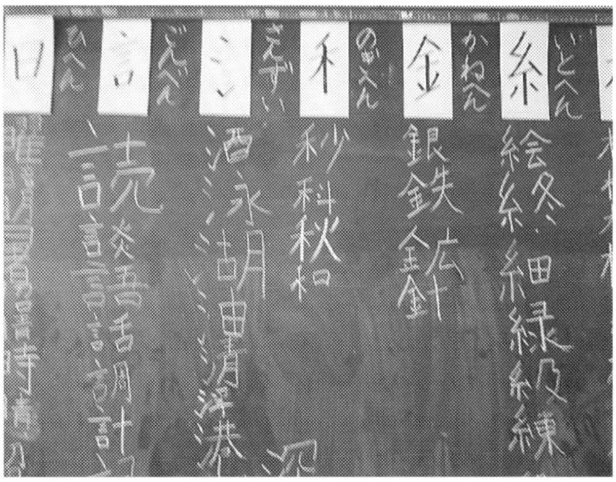

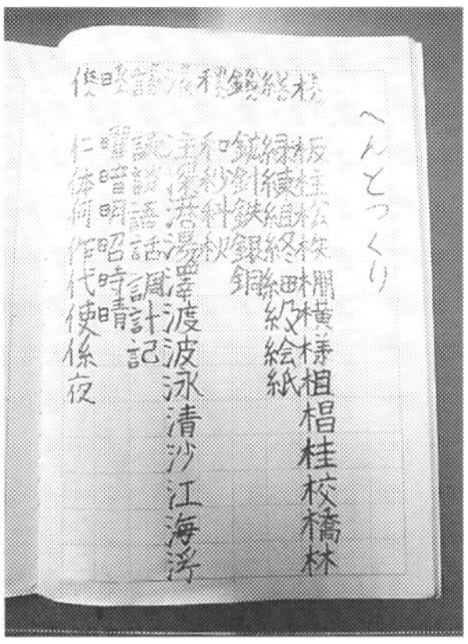

・出張時の自主学習に
・自学の課題に

わり算の導入１◎ニコニコわり算

わり算の意味の学習です。わり算の意味を理解することは、高学年の算数だけでなく、中学校の理科の計算にもつながる基礎的な課題です。同じ数ずつ分ける「等分除」を扱います。

すすめ方

「一あたり」を求める　操作から立式へ

○実際に分けてみる

①「12このあめを３人で、同じ数ずつ分けると、１人分はなんこですか」のように、全体量を同じ数ずつ分けて、１あたりの量を求める例題を示します。

②例題を音読します。

③例題に沿って、あめと紙皿などの具体物やタイルなどの半具体物を使って、実際に分け方を各自で考えます。そのあと分け方を発表します。

④１人分は４こで３人とも同じ数であることを確認します。

○わり算の式に表す

実際に分けた操作にもとづいて、12こ（全体の量）を３人（いくつ分）で分けると４こずつ（１あたり）になることを確認します。

具体物やタイルを操作しなくても、かけ算九九を使って答えを求めることができることを確認して、わり算の立式につなげます。

「同じ数ずつ分けてもらったので、ケンカもせず、みんながニコニコになるのでニコニコわり算と言います」と、同じ数ずつ分けるということを名前とともに印象づけます。

ポイント・工夫

操作をくり返す

実際に分ける場面をイメージできるように具体物を使ったり、分けてもらう人として前に子どもに出てきてもらったりします。他の子どももタイルなどを使って、同じ数ずつ分ける操作を何度か経験させます。このとき一つずつ配る操作を徹底することが大切です。

まとめや次への見通し

①わり算には「等分除」と「包含除」があります。日常的にも用いる場面が多い等分除を理解させて、包含除の学習に入ります。

具体物の操作→タイル図→わり算の立式

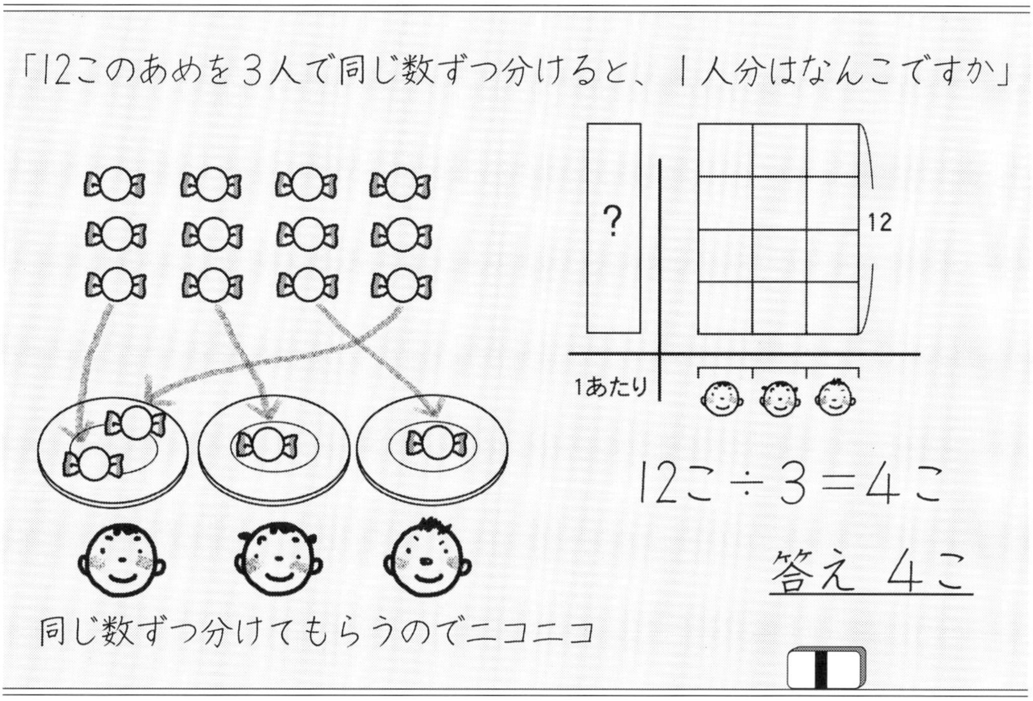
「12このあめを3人で同じ数ずつ分けると、1人分はなんこですか」
?
12
1あたり
12こ÷3＝4こ
答え 4こ
同じ数ずつ分けてもらうのでニコニコ

OK
NG

⚠子どもが分けるときは1こずつ皿におくよう指導します

わり算の導入２◎ドキドキわり算

　等分除に続いて、包含除（全体の数を同じ数ずつ分けるといくつ分か）のわり算を学習します。等分除とのちがいを意識し、文章問題では答えの単位の付けまちがいなどもなくしたいものです。

すすめ方

同じ数ずつ分けていく操作を

○実際に分けてみる

①「あめが12こあります。３こずつくばると、何人にくばることができますか」のように、全体量を１あたり量でわり、いくつ分を求める例題を示します。

②例題を音読します。

③例題に沿って、あめ玉などの具体物やタイルなどの半具体物を使って、実際に分け方を各自で考えます。そのあと分け方を発表します。

④４人に分けられることを確認します。

○わり算の式に表す

　前述の等分除の例題とくらべ、同じ「12÷３＝４」でも意味がちがうことを確認します。

「同じ数ずつ分けてくばってもらうとき、自分の分までまわってくるかドキドキするからドキドキわり算と言います」と、意味とネーミングを印象づけます。

ポイント・工夫

いくつ分を求めるわり算がドキドキわり算

　実際の場面をイメージしやすいように、教師は具体物を使って操作します。子どもにもタイルなどを使って操作をさせます。

　等分除と包含除をくらべるとき、「12こ÷３＝４こ、12こ÷３こ＝４」のように式に数詞をつけると混乱しにくくなります。

まとめや次への見通し

①包含除を学習することで、全体量・１あたりの数・いくつ分の３つの量の関係をより深く理解することにつながります。

包含除では名数変化にご用心

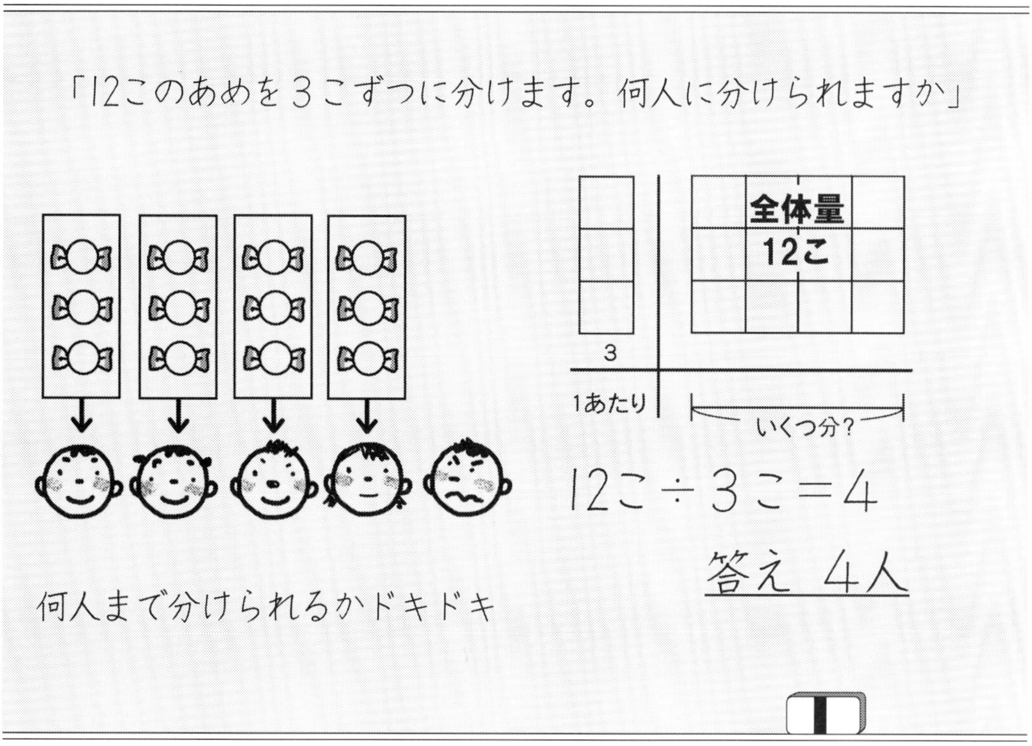
「12このあめを3こずつに分けます。何人に分けられますか」
全体量
12こ
3
1あたり
いくつ分?
12こ÷3こ=4
答え 4人
何人まで分けられるかドキドキ

⚠子どもが分けるとき3こずつ分けるよう指導します

等分除＝ニコニコわり算とちがい、何人があめをもらえるかわかりません

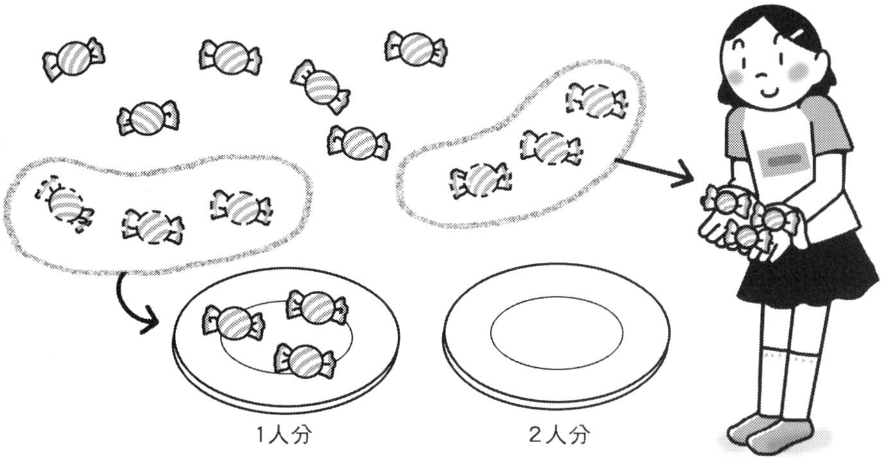
1人分
2人分

リコーダーに親しむ

初めて手にするリコーダー。わずかな時間でかまいません。朝の会や帰りの会など、リコーダーを演奏する機会をこまめにつくりましょう。お互いに音を聞き合って練習したり、グループごとに演奏したりする姿も見られるようになります。

すすめ方

教室にリコーダーブームを！

○タンギングの練習をする

①姿勢、笛の支え方、アンブシュア（口の形）を確認します。

②タンギングの練習をします。タンギングはトゥーとフーを同時に発音するような気持ちでトゥ (tfu) と発音します。同じ息の強さで長く吹いたり、短く音を切って吹くなど変化をつけます。

③「たこたこあがれ～」などの歌詞から「トゥトゥトゥトゥトゥトゥトゥ」のタンギング唱、「シラシラシシシ」と歌いながら運指、タンギングを意識して吹くという手順で練習します。

○すぐれた教材を使う

やさしい曲でも、CDの伴奏で上手に聞こえるものです。すぐれた教材を使いましょう。トヤマ出版の曲集「笛星人」「飛行船の旅」がおすすめです。

すき間時間にみんなで吹いたり、ペアで聞き合ったりして、リコーダーブームをつくりましょう。

ポイント・工夫

リコーダーを吹く機会、個別指導の機会をこまめに

「シ・ラ・ソ」の音を使って、教師が即興で吹いたメロディーとリズムを子どもが真似をして吹く（リコーダーの連れ読み？）もタンギング、指使い、音を聞く練習になります。個別に聞いてあげる機会もつくって指導します。ペアで聞き合ってもよいでしょう。

まとめや次への見通し

①きれいな音色で正確に吹けるようになった子にミニ先生になってもらって、練習中の子の演奏を聞いてもらうと、自分たちで練習し合ったり、教え合う雰囲気が高まります。

学級づくり

こまめに練習、教室にリコーダーブームを

よい姿勢
かおは正面
吹き口はくわえすぎない
かたには力をいれない
ひじは体から少しはなす
せすじをのばす
あさめにすわる
練習の仕方
① 歌詞で
たこたこ
あがれ～
② タンギングで
トゥトゥトゥトゥ
（た こ た こ）
トゥトゥトゥ～
（あ が れ）
③ 指を動かして階名で歌います
シラシラ
シシシ～
④ 心をこめて吹きます

初めての社会科◎楽しく地域を覚える

初めて社会科を習う３年生。みんなが同じスタートラインから出発です。学級全体で唱えたり、ゲームをしたり、みんなで力がついていくことが実感できるようにします。

すすめ方

社会科が好きになる覚え方で

○覚え方を教える

「東西南北」の方位や地図記号など、社会科では覚えるべき基本事項がたくさんあります。しかし暗記科目にならないように「またやりたい！」と思えるような楽しい活動をしながら覚えさせたいものです。そこで、唱えやすい五七調などにして子どもたちに教えます。

○授業の始めにみんなで唱える

拡大機で拡大した模造紙大の紙を黒板に貼り、それを見ながらみんなで唱えます。「平野、生野、東成…」（大阪市の区名)、「大正、弁天（町)、西九条…」（大阪環状線の駅名）など、３年生は喜んで声を合わせてくれます。

○カルタを活用する

地図記号は画用紙に印刷して切らせ、一人ひとりにカルタを作らせます。表に記号、裏にその記号が表す内容を書いておきます。教師が読み、全員がとります。

ポイント・工夫

君の家はどの方角にある？　教室に東西南北を掲示する

教室の前後左右の壁に「東・西・南・北」の方角を掲示しておきます。「○○君の家は教室から見てどっちの方角だろう」とか「太陽は今どっちの方角にあるだろう」など、機会をとらえて方角を意識させることができます。地名や駅名などは、地図の覚えたところにシールを貼ると励みになります。

まとめや次への見通し

①一度に覚えさせるのではなく、社会の時間に毎回、これらの活動を少しずつくり返していると自然に覚えてしまいます。

楽しい活動で覚えやすい工夫を

教室に東西南北を掲示して

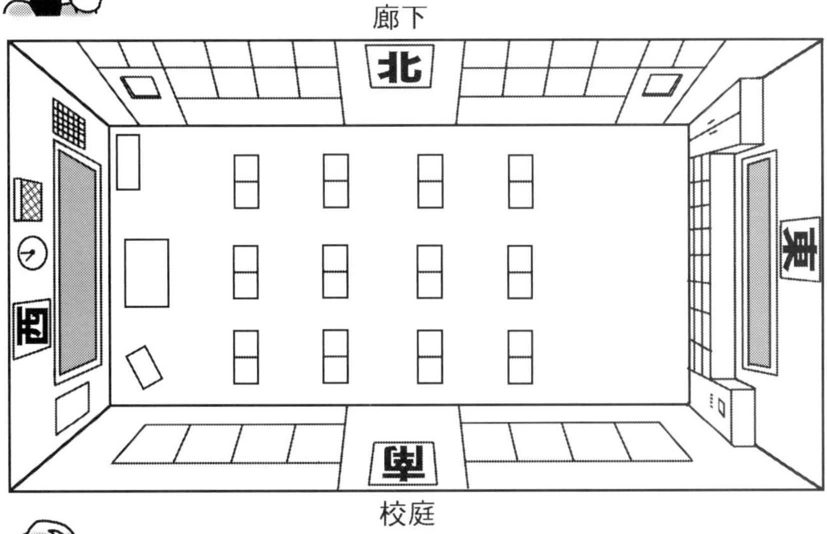

たとえば大阪市だと

区のおぼえ方

①平野　生野　東なり

②じょう東　つる見に　あさひ区だ

③東（淀川）淀川　西淀川

④都《みやこ》（島）中央　天王寺

⑤あべ野　住よし　東住（よし）

⑥住のえ　西なり　なにわ区

⑦大正　みなと

　西　この花

⑧北　ふく島で

　24だ!!

大阪かんじょう線のうた

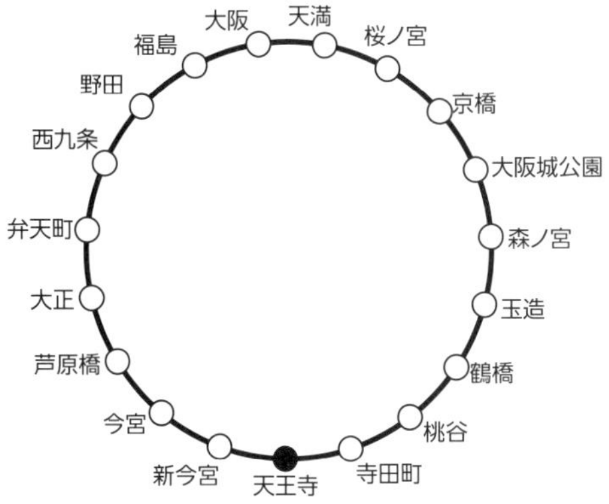

「出発しま〜す、てんのうじ」

①しんいま　いまみや　あしはらばし

②たいしょう　べんてん　にしくじょう

③のだ　ふくしま　おーさか

④てんま　さくらの　きょーばし

⑤さかじょう　もりの　たまつくり

⑥つるはし　ももだに　てらだちょう

新出漢字のまとめと２年の漢字の復習

４月にリズム漢字で２年生の漢字をおさらいしました。１学期には100字ほど新出漢字を学習しました。そこで夏休みまでに２年生の漢字を完全にマスターさせ、１学期の新出漢字も復習して、２学期以降の漢字学習をスムーズに進められるようにします。

すすめ方

取り出し指導と再テストで定着を

７月に入ったら意識的に時間をとってとりくみます。

○２年生の既習漢字をくり返し復習する

２年生の漢字の復習は、リズム漢字の書きのプリントを使ってテストをし、覚えていない字やまちがった字を練習した後、再テストをして全部の字が書けるようにします。４月に一度復習していますが、くり返すことでさらに定着させます。

○再テスト前の指導が重要

１学期の新出漢字は、普段使用している漢字ドリルのまとめテストを使います。コピーしたものを切り貼りしてＢ４の大きさにプリントします。これも、まちがった漢字を練習した後、再テストをします。

再テスト前には、学級でまちがいが多かった字を取り出して全員で練習させたり、個別にまちがった字を練習させます。

ポイント・工夫

プリントは多めに印刷

まちがっている字を、教師が赤ペンで訂正してもどこがまちがっているのかわからない子もいます。まちがっている部分がわかっているか、確認してあげましょう。再テスト用のプリントは、何度でもチャレンジできるように、多めに印刷しておきましょう。

まとめや次への見通し

①右ページのように、習った漢字で短文づくりや熟語づくりをすることで、既習漢字を作文や生活のさまざまな場面で使えるようになっていきます。

◎短文・熟語づくりにチャレンジさせる

時間に余裕があれば、２年生と３年生１学期に習った漢字を使って、短文づくりや熟語づくりをします

「水泳のあとに野球をする。」

「昭和の時代の写真だ。」

「白クマが乗った氷山が流れる。」

三年生の新出漢字と前学年までの既習漢字でできる熟語

家族•旅•行　出発•　空港•　鉄•道　線路•
海岸•乗•船　遊•園地　方向•　図書館•
童•話題•名　表•紙　目次•　登•場人物
人気者•　学習•　理由•　漢•字　活動•
校庭•　同級•生　集•合場所•　番号•
水泳•　野球•　開•会式•　病•気　目薬•
調•子　長期•間　商•売　洋•食魚屋•
電波•　画面•　時代•　市区•町村　銀•行
半島•　氷•山　着•地
茶柱•　落•語
（•は三年生）

語彙が増えていろいろな表現ができるようになりますね

集合場所って読めます。書けます

※教科書によってこの時期ではまだ学習していない漢字もあります

◎３年生の定着しづらい新出漢字25字

氷　泳　屋　族　旅　商　寒　期　起　区
県　港　整　住　注　柱　勝　昭　乗　庭
題　童　着　登　病

時刻と時間をもとめる計算

２年生でも時刻と時間の学習はしましたが、時間の観念はつかみにくく、学習する期間も短いです。３年生では、７時45分から８時20分まで何分間と聞かれたら、時計の絵図がなくても答えられるようにしたいものです。

すすめ方

「あと何分で何時か？」が重要

○この単元で次のことを学びます。

①時刻をもとめる問題

ａ）何分後の時刻　ｂ）何分前の時刻

②時間をもとめる問題

ｃ）時刻と時刻のあいだの時間　時間と時間を合わせる

○指導の仕方

時刻を読むおさらいをしながら、「７時45分、あと15分で８時」のようにあと何分で何時と瞬時に言えるようにします。

つぎに時計の図や時計数直線と連動して時刻や時間をもとめます。

ａ）「７時45分から、35分後の時刻は何時何分ですか。」

あと15分で８時なので、35分間－15分間＝20分間、８時20分というように考えます。

ｂ）「８時20分から、35分前の時刻は何時何分ですか。」

35分間－20分間＝15分間　８時から15分前の時刻は７時45分

ｃ）「７時45分から８時20分まで何分間ですか。」

あと15分で８時。15分間＋20分間＝35分間のように、８時を基準にして考えます。

ポイント・工夫

時計の教具や時計数直線を活用する

「何分後」「何分前」という言葉と、時計の針の動きを、しっかり関連づけておきましょう。念頭では理解しにくい子もいますので、時計の教具や数直線も使いましょう。考える助けとして、右ページのような時計の文字盤（針は子どもが自分で書き込む）や時計数直線のプリントを用意するのもよいでしょう。

まとめや次への見通し

①このあと、60分＝１時間と関連づけて、１分＝60秒という新しい時間の単位を学習します。

時こくと時間

名前＿＿＿＿＿＿＿＿＿＿

○時計の目もりを直線にしたものです。時計と直線の□秒と□秒のところにしるしをつけましょう。

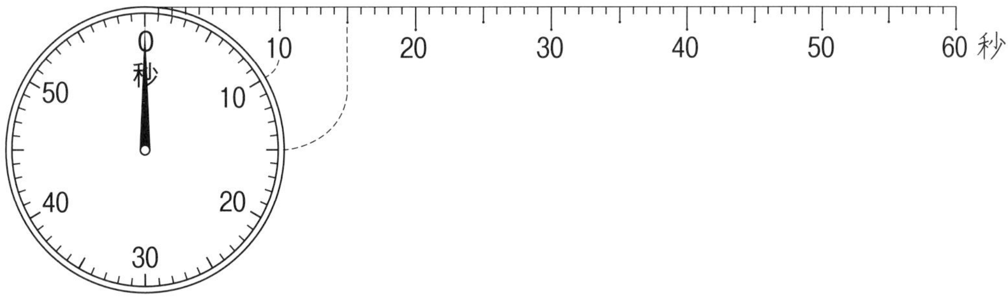

○自分で時計のはりをかいたり、時計の数直線を使って、時こくと時間の問題をときましょう。

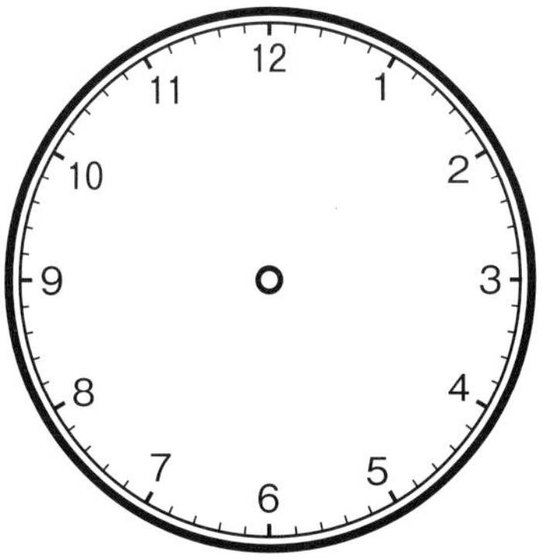

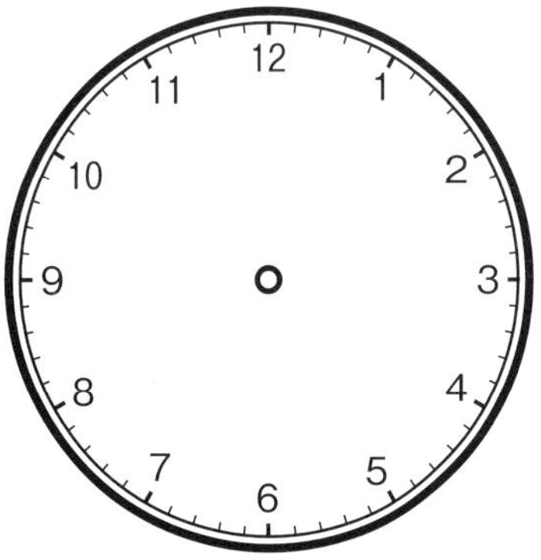

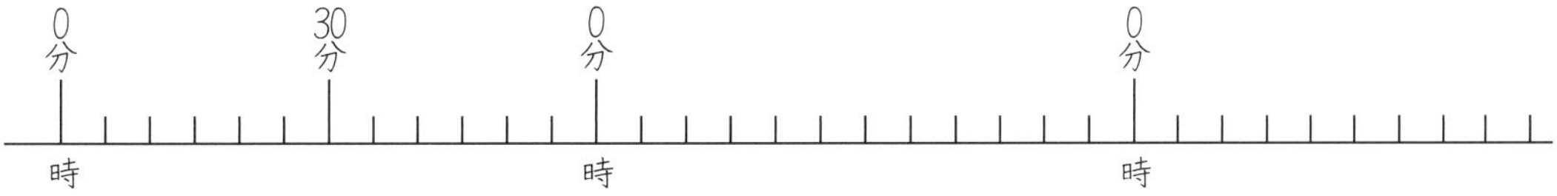

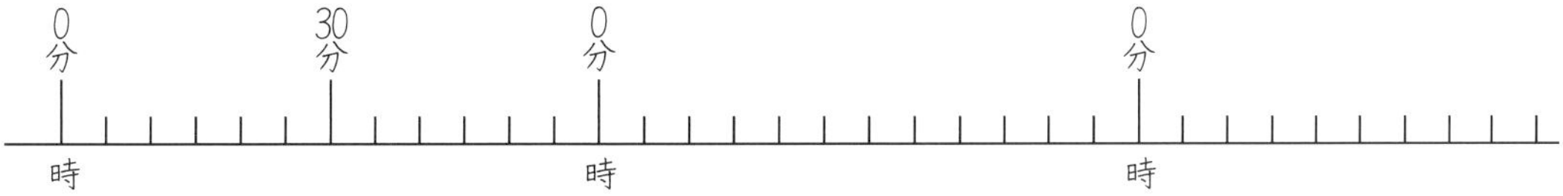

夏休みの宿題

忙しい１学期末に大量のプリントを作ったり、ドリル類を新たに購入したりしなくても、夏休み用に読み・書き・計算の学習を持続させることができます。夏休みだからといって特別に何か新しいことをするのではなく、１学期のとりくみをいかした宿題を工夫しましょう。

すすめ方

１学期の学習を継続させる視点で

○１学期に使用した計算ドリルをいかす

32ページで書いたように、計算ドリルの答えはノートに書かせているので、計算ドリルには何も書かれていません。夏休みの宿題の一つとして、計算ドリルに答えを直に書かせます（一部書き込みできないページもあります）。もちろんノートに書いてもＯＫです。解答がついているので答え合わせも自分でして、その場で直すように指導します。

○１学期に使用した漢字ドリルをいかす

専用のノートを用意します。ドリルの漢字テストの漢字仮名交じり文のページをていねいに視写させ、読みがなを書く→かなのページを見てテストとして書く。これも自分で答え合わせをしてまちがい直しをします。

○１学期で使ったプリントをいかす

１学期に学習したプリント原稿をとっておき、その中から、重要なものや課題性の高いものを印刷します。解答集をつけて自分で答え合わせとまちがい直しをさせます。

ポイント・工夫

休み前にやり方を十分に説明する

一通り学校でします。また夏休みが終わってから、答え合わせやまちがい直しをするより、やった後すぐに自分でする方が身につくので、答え合わせ・まちがい直しをすることも宿題にすることをしっかり押さえます。

● まとめや次への見通し

①答え合わせとまちがい直しも宿題にしておくと、２学期開始すぐに夏休みモードから脱却できます。また夏休み明けの点検作業を軽減します。

手間いらず・無駄なし・効果バッチリ

夏休みの宿題で力をつけるポイントは **2** つ

1．夏休み前に教室で一斉に一通りしてみる

2．答え合わせとまちがい直しも宿題にする

① 計算ドリルはドリルに直接書く

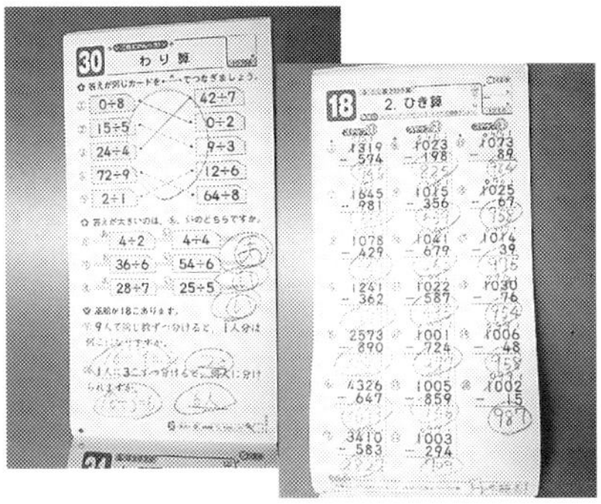

同じ問題を
複数回解くのが
効果的！

② 漢字ドリルのテストページをノートに書き写す

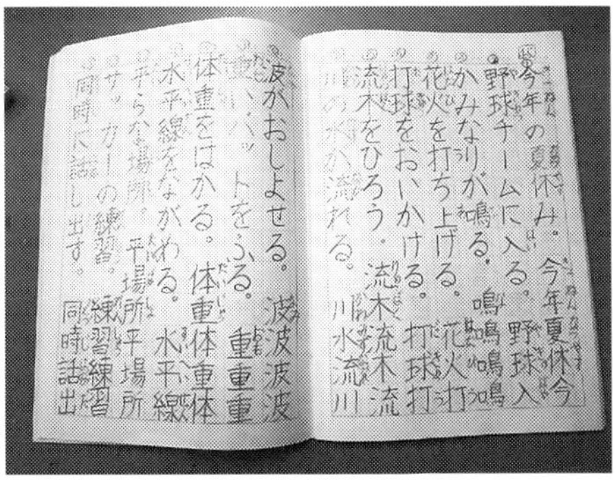

- 新出漢字だけもう一度
- 読みがなもふる

答え合わせも
宿題です。

③ １学期に使ったプリントを１冊にして

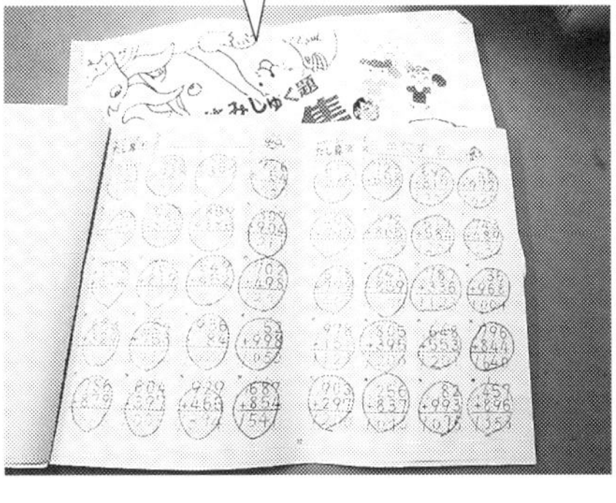

ことわざカルタで学習にリズムを

２学期になるとすぐ運動会の練習が始まる学校も多いでしょう。学習がおろそかになりがちです。ことわざカルタは気持ちを学習に向けさせ、ことわざを知り親しむことができるとりくみです。

すすめ方

ことわざは全員で音読するのが楽しい

○最初はみんなで楽しく音読

カルタ取りをすぐにすると、もともと知っていた子が勝つばかりで他の子が意欲を失くします。

そこで、まずは音読して、ことわざの楽しさに触れさせます。「急がば」「まわれ」などのように、前半後半に分けられるのがことわざのよいところです。 教師が前半を読み、子どもたちに後半を音読させます。短い文章なので、すぐに見なくても言えるようになります。どの子も一端《いっぱし》のことわざ通になります。カルタにとりくむ機が熟してきたといえます。

○読み手は、前半だけ読む

カルタ取りをするときの読み方は、ことわざ全部をすぐに読まないで、前半だけを読んで間をあけることです。すると、子どもたちが勝手に後半を言ってくれます。これもことわざを覚える一つの練習になっています。

１回戦が終わったら違う相手と対戦できるような仕組みをつくっておくと長続きします。

ポイント・工夫

カルタを自分で作ってみよう

ことわざカルタは市販のものでもよいですが、やはり子どもたちが自分で作るのが一番です（作り方は右ページ）。 少々できが悪くても自分で作ったカルタは大事にしますし、なにより一人ひとりが自分のカルタを持っていると練習しやすくて便利です。

まとめや次への見通し

①家で音読する宿題にしたり、参観でとりくんだりすると、家庭でもことわざが話題になって、親子の会話も弾みます。そんな仕掛けも楽しみましょう。

ことわざカルタを作ろう

①下のような原紙を作成、ハツ切画用紙（271×391mm）に印刷し、子どもに配る

②▼で折る

③のりを全体にぬり貼る

④✂で切る

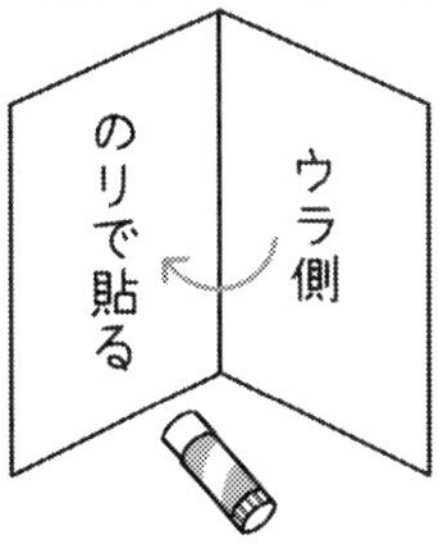
ウラ側
のりで貼る

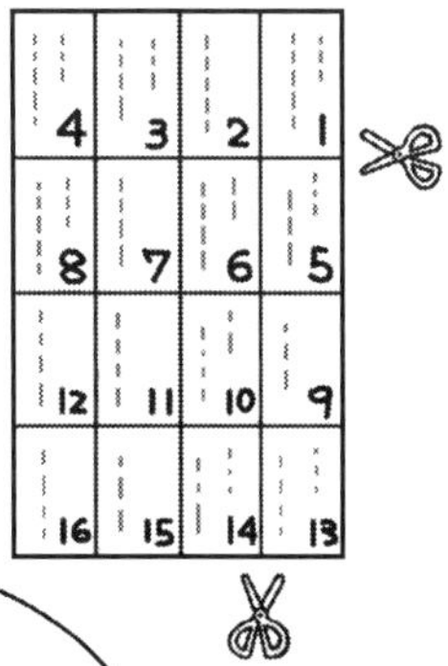

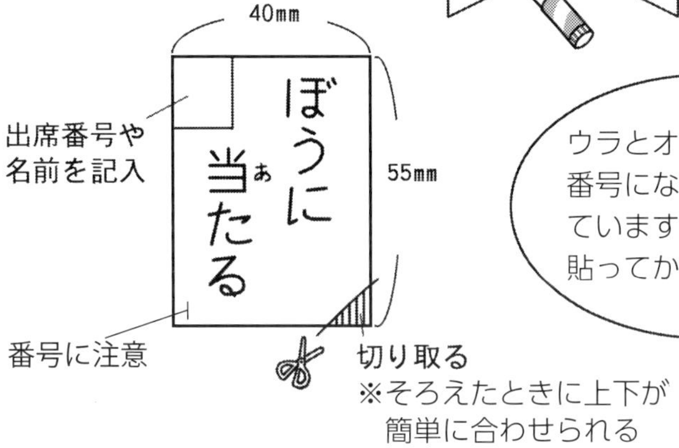
40mm
55mm
出席番号や
名前を記入
ぼうに当《あ》たる
番号に注意
切り取る
※そろえたときに上下が
簡単に合わせられる

ウラとオモテ同じ番号になります。合っていますか？
貼ってから切ります

コピー用資料巻末掲載（B５判→170%拡大してハツ切画用紙用の台紙作成）

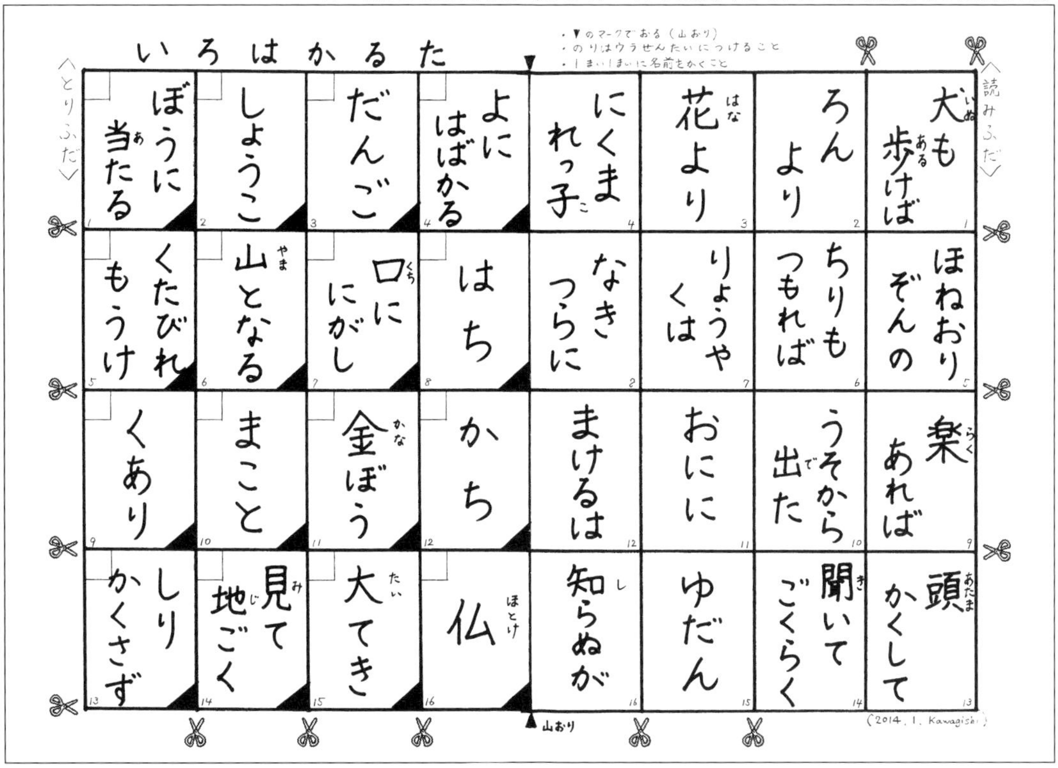
いろはかるた
・▼のマークでおる（山おり）
・のりはウラせんたいにつけること
・1まい1まいに名前をかくこと
〈とりふだ〉
〈読みふだ〉
ぼうに当《あ》たる
しょうこ
だんご
よにはばかる
にくまれっ子《こ》
花《はな》より
ろんより
犬《いぬ》も歩《ある》けば
くたびれもうけ
山《やま》となる
口《くち》ににがし
はち
なきつらに
りょうやくは
ちりもつもれば
ほねおりぞんの
くあり
まこと
金《かな》ぼう
かち
まけるは
おにに
うそから出《で》た
楽《らく》あれば
しりかくさず
見《み》て地《じ》ごく
大《たい》てき
仏《ほとけ》
知《し》らぬが
ゆだん
聞《き》いてごくらく
頭《あたま》かくして
山おり
(2014. 1. Kawagishi)

ローマ字を読もう

３年生の子どもたちは、ローマ字学習を楽しみにしています。興味をもたせて、楽しくとりくみましょう。

すすめ方

ローマ字星人が来た！

○教室のあちこちにローマ字を貼って気分を盛り上げる

子どもたちが帰った放課後に、色画用紙でカードを作ってローマ字を書いたものを教室のいろいろなところに貼っておきます。

「kokuban」「orugan」「mado」などなど。

翌朝子どもたちが登校してきて見つけたら、「きのう、ローマ字星人が来て貼っていったよ」ととぼけて言います。「ウソだ」と子どもたちは言いますが、楽しそうです。その後も少しずつカードを増やしていくと、朝学校へ来て見つけるのを楽しみにしてくれます。

○ローマ字表を使ってどんどん読ませる

街の看板や地名表示など、生活の中にはローマ字がたくさん使われています。ローマ字表を使ってたくさん読ませます。読んでいるうちにローマ字の規則性に気づいていきます。右ページはローマ字で書いたなぞなぞです。子どもたちは喜んでとりくみます。

ポイント・工夫

昔話はローマ字学習にもってこい

昔話や民話をローマ字にしてプリントをつくり、みんなで読んでいくと楽しいですよ。あらすじをみんな知っていて、だいたい予想がつくので読みやすくてよいのでしょう。同じ言葉のくり返しが多いのも、ローマ字の読みに慣れるのにもってこいです。「おおきなかぶ」ならみんな知っていますね。

● まとめや次への見通し

①生活の中からローマ字の必要性を感じさせて、楽しみながらとりくみ、まずは興味をもたせることが大事です。興味をもってくれれば、書く学習にもスムーズに進んでいけます。

Rômazi nazo nazo

namae (　　　　　　　　　　)

① Sutôbu no mae no tatakaitte donna tatakai? (　　　　　　　　　　)

② Biwa wo yu ni tukeruto nani ni naru? (　　　　　　　　　　)

③ Tai wa tai demo, zettai ni sansei sinai taitte nanda? (　　　　　　　　　　)

④ Donna iken nimo sansei sisôna nomimono tte nanda? (　　　　　　　　　　)

⑤ Kataku nai noni katai to iwareru kuruma tte nanda? (　　　　　　　　　　)

⑥ Odoroku hurui okasitte nanda? (　　　　　　　　　　)

⑦ Otya wa otya demo asobu toki tukau otyatte nanda? (　　　　　　　　　　)

ローマ字を書こう

パソコンのローマ字打ちなど、ローマ字の必要性はさらに高まっています。時間を確保し、書く練習もしましょう。

すすめ方

ローマ字でメール交換は楽しい

○アルファベットを確実に身につける

ＡＢＣの歌は歌えても、大文字小文字をきちんと書ける子は少ないのが現状です。まずＡａＢｂＣｃ…のように、大文字小文字をセットにしてアルファベットを書く練習をします。大文字はよく知っていても、小文字になるとあやふやなので、しっかり練習させましょう。

○ローマ字で手紙を書くブームをつくる

ある程度練習できたら、ローマ字が書きたくなるような場を設定します。「ローマ字で書くとかっこいいよ」「秘密の手紙を書こう」などと呼びかけて、「ローマ字メール交換」をします。ローマ字で手紙を書いて、「送信」するのです。

「送信」と言っても、自分で相手のところに持っていくだけです。手紙をもらったら返事を書きます。「Kyô　asoberu?」「Un、iiyo」のように、ほほえましいやり取りができます。

ポイント・工夫

しりとりも楽しい

ローマ字しりとりはおすすめです。教師が最初にローマ字で言葉を書き、それに続けて席の順に黒板にしりとりで書いていきます。慣れてきたら、一人でいくつでも書くとか２人組でするとか、バリエーションもできます。言葉をたくさん書いているうちに、促音や拗長音の書き方にも慣れてきます。

まとめや次への見通し

①市販のローマ字帳で練習するだけでなく、一言日記をローマ字で書いたりする活動につなげていきましょう。

ローマ字を使う機会をふやす

① メール交換　となり同士で

② ローマ字しりとり

わり算の計算◎A型

1学期に「わり算」を学習しました。わり算の計算は「余りのあるわり算」の単元に入るまでに十分に習熟しておきたいものです。

すすめ方

余りのないわり算から習熟

朝の学習や算数の時間の始めの数分間を使って練習し、全員が計算に自信がもてるようにしましょう。

○わり算には三つの型がある

余りがないわり切れるわり算をA型、余りのあるわり算で、商を立てたあと余りをくり下がりのないひき算で出すものをB型、くり下がりのあるものをC型といいます。

○A型のわり算をプリントで段階を踏んで練習

①九九の段と順に沿って、÷２の計算、÷３の計算…÷９の計算プリントを用意して練習します（例、右ページ。Ｂ５判横で２段分）。

②慣れてきたら段ごとにばらばらにしたものを練習（例、右ページ）。

③九九の段・順もばらばらにしたプリントを用意して練習。慣れてきたら、計算のタイムを計り、習熟させます。

○練習に変化をもたせる

フラッシュカードを使って練習するのも効果的です。わり算のフラッシュカードだけでなく、「24」→「3×8」「4×6」「6×4」「8×3」のように九九さがしをするのもよいです。

ポイント・工夫

九九を聞いたり、穴空き九九に戻ったり

わり算ができる前提は九九の習熟です。苦手な子には、すき間時間に九九を聞いたり、穴空き九九のフラッシュカードで問題を出したりして、かけ算の力を補強していきます。

まとめや次への見通し

①B型やC型わり算の学習がスムーズにいくためには、九九の答えが瞬時に浮かび、A型わり算の答えが絶対にまちがわないようにしておく必要があります。A型わり算100問を２分でやりきるようにしたいものです。

① のプリント例　（6と7の段）

名（　　　　　　　　）	名（　　　　　　　　）
6のだん	7のだん
6 ÷ 6 ＝	7 ÷ 7 ＝
12 ÷ 6 ＝	14 ÷ 7 ＝
18 ÷ 6 ＝	21 ÷ 7 ＝
24 ÷ 6 ＝	28 ÷ 7 ＝
30 ÷ 6 ＝	35 ÷ 7 ＝
36 ÷ 6 ＝	42 ÷ 7 ＝
42 ÷ 6 ＝	49 ÷ 7 ＝
48 ÷ 6 ＝	56 ÷ 7 ＝
54 ÷ 6 ＝	63 ÷ 7 ＝

② のプリント例

名（　　　　）	名（　　　　）
6のだん	7のだん
30 ÷ 6 ＝	14 ÷ 7 ＝
48 ÷ 6 ＝	63 ÷ 7 ＝
6 ÷ 6 ＝	35 ÷ 7 ＝
18 ÷ 6 ＝	49 ÷ 7 ＝
54 ÷ 6 ＝	7 ÷ 7 ＝
42 ÷ 6 ＝	21 ÷ 7 ＝
12 ÷ 6 ＝	28 ÷ 7 ＝
24 ÷ 6 ＝	56 ÷ 7 ＝
36 ÷ 6 ＝	42 ÷ 7 ＝

2学期の学習をスムーズにスタートさせる

夏休み明けは生活のリズムが乱れているし、残暑も厳しい。ですが、1学期間苦労して身につけてきた学習規律も台無しにしてはもったいないですね。学習活動をスムーズにスタートさせて、教室に心地よい緊張感と活気を取り戻しましょう。

すすめ方

9月の授業開きはテンポよく「いつもの内容から」

○始めの5分間は活動的に

授業の最初の5分間は、活動をさせます。教師の話を聞かせるという始め方はしません。とくに新しいことをしなくても、1学期にとりくんだことをチャイムとともにさっと始めるだけで1週間もすれば、授業規律も回復します。

例）国語…音読、暗唱、リズム漢字の読み
　　算数…マス計算、わり算、フラッシュカード
　　社会…地図記号フラッシュカード、地域の地名・道路の名前
　　理科…音読、昆虫クイズ、植物クイズ

○始業ベルが鳴ったらすぐに始める

教師は、教材や教具を事前準備し、子どもには次の授業の準備をしてから休憩時間に入ることを指導します。お互いに待つ時間がないようにします。

ポイント・工夫

気持ちよく授業を始めるために

チャイムを守りきちんと準備をして授業の開始に備えていた子どもをほめながら、学習活動に入っていきます。授業に遅れてきた子や準備のできていない子を待ったり、叱ったりせず始めます。

1日目は、授業を数分間早めに終わり、次の授業の準備をさせる時間を確保しましょう。

● まとめや次への見通し

①チャイムで授業開始のルールの徹底は、2学期の教室の雰囲気を決定するほど重要です。

始業を気持ちよく迎えるには終わりが肝心！

① 授業中に次の授業の準備時間をとる

２学期の最初の１日は授業中に準備時間をとることで「準備→休けい」の習慣をとりもどす

NG！
キ〜ンコン
カ〜ンコン
今日の国語は ここまで。 次は算数です。 用意して…
ふあ〜
光くん、 サッカー しよう！
うん！
暑いよ〜
OK！
終業数分前
今日の国語は ここまで。 次の算数の用意を してください
キ〜ンコン カ〜ンコン

② スムーズにスタートが切れない理由

あれ〜、 フラッシュカード どこかな？
準備不足
キ〜ンコン カ〜ンコン
始業の チャイムが 鳴っちゃったよ
早く見て！
前時の授業をひきずっている

運動会と学習を両立させる

運動会の練習の時期は、時間割通りに学習が進められません。子どもは体力を消耗し、気持ちもなかなか学習の方に向かないものです。運動会が終わって、気がつくと…大幅に学習進度が遅れていたということがないようにしたいものです。

すすめ方

これだけはというものを確実に

教師のくわしい説明より、個々の子どもの活動を優先します。

①新出漢字は４月以来の１日に２文字を確実に進めます。

②国語単元は、音読に毎日少しずつでも時間をとります。内容の詳細な読み取りを省いても、音読を重ねることである程度内容が理解できます。

③算数単元は、教科書通り淡々と進めます。子どもの多様な考えを引き出したり、交流することも大切ですが、この時期はまず「できる」ようになることをめざします。

④漢字や計算の習熟は、朝自習の時間やすき間時間、宿題で補充します。「着替えが終わった人からドリルの○ページをしましょう」とあらかじめ板書しておき、運動会の練習が早く終わったときなどを利用してこまめにとりくみましょう。

⑤時期を逃がしてはできない理科の植物の観察などは、きちんと計画に入れます。

ポイント・工夫

短時間でメリハリをつけて

教師が授業の進度を気にしてあせっても、子どもがついてこなければどうにもなりません。様子を見て「２分間水分補給休憩します」「○分になったら、答え合わせをします」というように短時間にくぎって指示をします。

まとめや次への見通し

①単元の進度を遅れないように進めることが第一です。

②理解が不十分な子には、給食配膳時間を使って個別に指導します。

③落ち着いたら、理解・習熟度を確認し、不十分なところは補充します。

運動会＋残暑の９月をのりきる

① 授業の始めは「声を出す」「文字を書く」といった活動を

週予定表（　9／8～9／12　）

日程		9／8　（月）	9／9　（火）	9／10　（水）	9／11　（木）	9／12　（金）
朝		読書		自習		応援団練習
1	8：45 ～ 9：30	算数 大きな数 P92	体育 全体練習 校歌・準備体操	体育 ダンス 退場曲振付	体育 全体練習 全校競技から 閉会式	算数 大きな数 １０で割る
2	9：35 ～ 10：20	国語 私たちの学級 行事 漢字　注・深	国語 私たちの学級 行事 漢字　港・湯	体育 徒競走並び方 綱引き並び方	国語 ローマ字 漢字　板・柱	国語 テスト ローマ字 漢字　住・具
大休憩					リレー打ち合わせ	リレー打ち合わせ
3	10：40 ～ 11：25	体育 ダンス隊形	算数 大きな数 数直線	国語 ローマ字 漢字 泳・銀	算数 大きな数 10倍・100倍 した数	体育 ダンス 表現方法の工 夫
4	11：30 ～ 12：15	体育 ダンス 振付	道徳 友だちの木	算数 大きな数 数直線	理科 ヒマワリ・ホウ センカの観察 実ができる	体育 ダンス通しで リレー
昼休憩						
5	1：30 ～ 2：15	社会 はたらく人々	体育 ダンス グループでの 動き		体育 ダンス 退場曲振付	図工 体育大会手具 のデザイン
6	2：20 ～ 3：05		体育 ダンス 隊形と通し		体育 綱引き 徒競走	図工 体育大会手具 制作
放課後の予定		少人数指導 放送原稿 準備カード 作成	学年会議	委員会 体育大会係り 打ち合わせ	グループ研修	

② 短い時間できって集中力を

2分間
水分補給タイムにします

③ 次にすることをわかりやすく指示。すき間時間を有効に

○月△日
漢字ドリル 23 24 をしましょう。
ドリルをするんだ

豊かな読書活動を

読書の習慣がついてきたら、秋の読書週間や国語の読書活動の単元に合わせて、クラスで読書活動を豊かにするとりくみをしましょう。読書量を増やすだけでなく、読書の幅を広げるよい機会となります。

すすめ方

読書を通した多彩な交流

国語の時間だけでなく、学活や総合の時間を使えるよう計画するとよいでしょう。

○読書発表会を開く

自分の読書記録（40ページ参照）をもとに、各自で自分の読書活動を振り返る時間をとります。読んだ本の冊数・ページ数・好きな本・印象に残った本・読書傾向などをつかみます。

そのなかから、自分の好きな本やおすすめの本を紹介し合います。図書紹介カードなどを掲示するコーナーをつくるだけでもよいでしょう。

○テーマを決めて読書会をする

テーマに沿った本を選んで、各自で読書をします。

例①　教科書に出てきた著者の作品を読む。

例②　季節や、学習内容に合わせて「クリスマスの本」「動物が出てくる本」「鬼が出てくる本」「伝記」など。

読書の前後あるいは途中でも、読んでいる本を紹介し合う、読み終えた人で本を交換して読む、感想を発表するなど交流の場をつくります。

ポイント・工夫

教師の読み聞かせもとりいれて

教師がシリーズで読み聞かせをします。例①②のテーマに沿ったものや長編を少しずつ分けて読み聞かせしてもよいでしょう。クラス全員が同じ本を読んだという体験をすることが、今後の読書活動をさらに進めていく力になります。

まとめや次への見通し

①読書会や読み聞かせを通じて子どもの間で本のことが話題になると、地域の図書館に出かける子や家庭でも読書をする子が増えてきます。次項に紹介する学級づくりの要素をとりいれた読書活動にもつながります。

子どもたちの読書体験を持ちよって

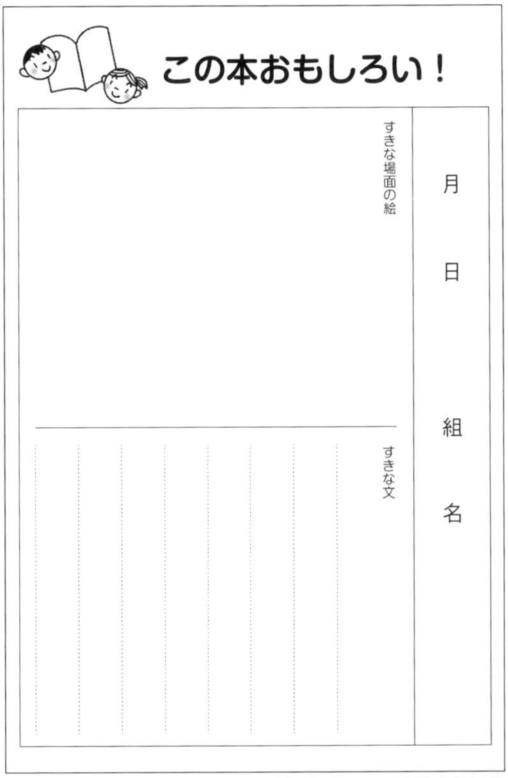
この本おもしろい！
すきな場面の絵
月
日
組
名
すきな文

（実物大カード巻末掲載）

○紹介コーナーをつくる

○読書発表会をする
（読書週間中の朝の会など）

十月○日
日直
井上くんがしょうかいする本

川崎学級で子どもたちが楽しんだ読み聞かせ

『おかえし』
（村山桂子　さく／織茂恭子　え／福音館書店）

『ごきげんなライオン』
（ルイーズ・ファテイオ　ぶん／ロジャー・デュポアザン　え／むらおかはなこ　やく／福音館書店）

『さんねん峠　朝鮮のむかしばなし』
（李錦玉　作／朴民宣　絵／岩崎書店）

『じごくのそうべえ　桂米朝・上方落語・地獄八景より』
（たじまゆきひこ　作／童心社）

『ともだち』
（谷川俊太郎　文／和田誠　絵／玉川大学出版部）

『ねえ、どれがいい』
（ジョン・バーニンガム　さく／まつかわまゆみ　やく／評論社）

『フレデリック　ちょっとかわったねずみのはなし』
（レオ＝レオニ　作／谷川俊太郎　訳／好学社）

『せかいいちおいしいスープ』
（マーシャ・ブラウン　文・絵／こみやゆう　訳／岩波書店）

『うまかたやまんば』
（おざわとしお　再話／赤羽末吉　絵／福音館書店）

みんなで読書の旅

友だちがどんな本を読んでいるか強く意識しだすのが３年生です。いい意味で競争しながら目標を達成していくことを通して、読書に親しませることができます。前項の「読書発表会」とともにとりくみましょう。

すすめ方
目標を決めて全員でとりくむ

○みんなで目標を決める

「読書○○ページの旅」ということで、１か月でみんなで 何ページ読むか、目標を話し合って決めます。達成可能な目標を決めて、協力し合って達成したら牛乳で乾杯などのお楽しみも予告しておくといいですね。

○記録用紙を貼る

名前、日付、本の題名、ページ数、合計ページ数が記録できる用紙を作り、後ろの黒板や掲示場所に貼ります。本を読んだら、誰でもその用紙に書くことができます。自分の読んだページ数を記入し、それまでの友だちが読んだページ数と合わせて合計のページ数も書くようにします。

○途中経過を知らせる

もうすぐ500ページ達成とか1000ページ達成などと伝えると、がぜん張り切って読む子が出てきます。休み時間にも読んでいます。クラスに読書する雰囲気ができてくるのがいいところです。

ポイント・工夫
みんなでとりくむので刺激される

今まであまり本に興味を示さなかった子が、「みんなで読書の旅」で、急に本を読みはじめることがあります。友だちに刺激されたり、目標を達成したいために読みだすのですが、本を読むきっかけになるという意味では、やってみる価値があるのではないでしょうか。

まとめや次への見通し

①クラスの運動としてとりくみ、先生が読んだ本も記録するとクラスの一体感がさらに増します。

秋の読書週間を期間限定のイベントでもりあげよう

① 1か月で何ページ読むか目標を決める
3000ページがいいと思います
1万ページまでいこうよ!
みんなで読書の旅
目標は　3000
10000
500
達成したらお祝いしましょうね
② 記録用紙を掲示
みんなで読書
No.7
10000ページの旅
月／日　名前　本の題名　ページ数
No.6まで　4328
10/24　○○　○○○○　96
10/24　××　××××　128
10/24　△△　△△△△　64
10/24　□□　□□□□　192
合　計
③ 読了したら各自記入
48ページ、あ、この用紙終わりだ
④ 図書係が合計。新しい用紙を掲示
これまでで4328でした
7枚目貼ります!

先生、昨日212ページ読んだぞ
ぼくも読もう!
5000ページこえました!
図書係

国語辞典に慣れる・国語辞典を使う

３年生で国語辞典の使い方に慣れさせておくことはとても大切なことです。辞典を引く楽しさも知らせたいですね。

すすめ方

国語辞典との最初の出会いを大切に

○よく知っている言葉を説明させる

子どもに、辞典を使う前によく知っている言葉を説明させます。例えば「右」と「左」です。「お茶碗を持つ手の方」という説明には「では、左利きの子は?」と必ず誰かがダメ出しをします。予想させた後に辞典を引くと張り切って引きます。「赤」「青」「白」なども面白いですよ。

○五十音をすらすらと言えるようにする

辞書引きが苦手な子の中には、五十音があやふやな子がいます。事前に、五十音表を見せながらくり返し声に出して読ませ、五十音が身につくようにします。また一文字目の順がわかっても、二文字目で戸惑う子もいます。よく似た言葉でどちらが先に出てくるか練習させます。

○全員同じ辞書を使う

国語辞典に慣れるまでの段階では、全員が同じ辞書を使う方が指導がしやすいものです。自分で引けなくても先に引いた子に○○ページと教えてもらえるので安心です。

ポイント・工夫

辞書の約束事をつかませる

言葉を探し出せても、どれがふさわしい意味かわからない場合があります。意味が複数出ていたり、使い方が載せられていたりして戸惑う子もいます。最初のうちは、ノートに辞書通りに書かせ、教師が説明して理解させる必要があるでしょう。慣れてくれば辞書引き競争などもして、楽しく辞書を使いたいですね。

まとめや次への見通し

①国語の時間だけでなく、社会や理科など他の教科でも辞書を使って言葉を調べることに慣れさせ、辞書の良さを体験させましょう。

辞典との出会いを大切に

① はじめの一歩。こんな話し合いから

「赤」ってどんな色?
しんごうのとまれの色だと思います
太陽の色だと思います
五十音がきちんと言えるか
みんなでとなえてみましょう
あいうえお
かきくけこ
さし…
下準備も大切
じゃあ国語辞典で調べてみよう!
同じ辞典を使って、早く引けた子にページ数を言わせると遅れがちな子も見つけやすくなります
36ページです!

では「白」はどうかな?
白　黒　青

② 慣れれば辞書引き競争も

小学
国語辞典

余りのあるわり算の計算◎Ｂ型

余りのないＡ型わり算に習熟したら、Ｂ型わり算にとりくみます。余りのあるわり算は、商を立てた後のひき算がくり下がりのないものとくり下がりのひき算が必要なものの二つの型があります。前者をＢ型、後者をＣ型と呼んでいます。教科書ではいっしょにあつかっていますが、ここでは型分けして習熟させます。

すすめ方

計算練習に数多くとりくんで慣れる

○最初の10問は全員で

Ｂ型わり算50問のプリントを何種類かつくり、印刷しておきます。慣れない間は、最初の10問を全員でします。一緒に唱えながら商を立て、「商×わる数」を問題のわられる数の下に書き込ませます。

（例）17÷４＝４あまり１　「ジュウシチ÷シ＝シ。シシジュウロク、
　−16　　　　　　　　　ジュウシチ−ジュウロク＝イチ、アマリイチ」
　　1

○時間を切って、各自でとりくむ

慣れてきたら、各自で全問します。５分で切ります。さらに慣れてきたらタイムを計ります。

ポイント・工夫

商が瞬時に浮かんでこないとき

わられる数を見たらすぐに商が浮かんでくることが大切です。それには、われる数に一番近い九九の答えを見つける練習をします。

（例）45÷６→６×７＝42

「６×７＝42」が瞬時に出ないときはわる数の「６」の段の九九を練習します。

まとめや次への見通し

①毎日、５分間続けて練習させます。
②Ｂ型わり算に慣れてきたら、Ｃ型わり算に進みます。

100わり計算(あまりあり、くり下がりなし)50

名前

①29÷6＝　…

②21÷5＝　…

③25÷7＝　…

④5÷8＝　…

⑤23÷4＝　…

⑥7÷9＝　…

⑦57÷8＝　…

⑧82÷9＝　…

⑨4÷3＝　…

⑩68÷8＝　…

⑪18÷5＝　…

⑫39÷5＝　…

⑬17÷6＝　…

⑭33÷8＝　…

⑮88÷9＝　…

⑯17÷8＝　…

⑰55÷6＝　…

⑱47÷9＝　…

⑲5÷4＝　…

⑳39÷8＝　…

㉑47÷6＝　…

㉒2÷5＝　…

㉓38÷7＝　…

㉔22÷5＝　…

㉕13÷2＝　…

㉖8÷6＝　…

㉗74÷9＝　…

㉘43÷6＝　…

㉙17÷7＝　…

㉚74÷8＝　…

㉛48÷9＝　…

㉜15÷4＝　…

㉝36÷7＝　…

㉞46÷8＝　…

㉟37÷6＝　…

㊱47÷7＝　…

㊲22÷4＝　…

㊳1÷2＝　…

㊴58÷6＝　…

㊵5÷7＝　…

㊶22÷3＝　…

㊷58÷9＝　…

㊸36÷5＝　…

㊹4÷9＝　…

㊺34÷4＝　…

㊻1÷6＝　…

㊼58÷7＝　…

㊽5÷6＝　…

㊾13÷5＝　…

㊿25÷4＝　…

（　　分　　秒）

余りのあるわり算の計算◎C型

商を立てた後、余りをもとめるときくり下がりのあるひき算が必要な計算です。C型では、わり算だけでなく、くり下がりのひき算にも習熟できていなければ時間がかかります。

すすめ方

計算練習に数多くとりくむ

○毎日５分間とりくむ

C型わり算50問のプリントを何種類か作り、印刷しておきます。毎日５分間、時間を切ってとりくみます（プリント例、右ページ）。

慣れない間は、商×わる数を問題のわる数の下に書き込ませます。

(例)　53÷８＝６あまり５
　48
　 5（→ あまり５へ）

○慣れてきたら、タイムを計る

慣れてきたら、タイムを計りますが、余りを出すためのひき算に時間を取られたり、まちがったりすることもあるので、プリントをする前に、準備運動のようにひき算のフラッシュカードやひき算のマス計算にも適時とりくみます。

ポイント・工夫

伸び悩んでいる子にはその原因にあった手立てを

３年生で最難関の計算です。まちがいの多い子や、時間がかかる子には、苦手な九九があるのか、くり下がりのひき算が正確にできているのかなどその原因を調べます。原因を知ったうえでＡ型・Ｂ型へのさかのぼりや、100マスひき算などの練習をして、つまずきをなくしましょう。

まとめや次への見通し

①４年生で学習するわり算の筆算での「立てる→かける→ひく→おろす」の一連の作業がスムーズにできるように、ぜひ習熟させておきたいものです。単元が終わっても、「Ｃ型100問プリント」を使って練習します。（巻末掲載）

100 わり計算(あまりあり、くり下がりあり)50

名前

①61÷7＝　…

②11÷8＝　…

③21÷9＝　…

④52÷6＝　…

⑤50÷8＝　…

⑥44÷9＝　…

⑦12÷7＝　…

⑧32÷9＝　…

⑨40÷6＝　…

⑩62÷8＝　…

⑪80÷9＝　…

⑫52÷7＝　…

⑬40÷9＝　…

⑭21÷8＝　…

⑮10÷4＝　…

⑯20÷7＝　…

⑰61÷9＝　…

⑱52÷8＝　…

⑲17÷9＝　…

⑳22÷6＝　…

㉑34÷9＝　…

㉒10÷7＝　…

㉓30÷4＝　…

㉔70÷9＝　…

㉕13÷8＝　…

㉖33÷7＝　…

㉗11÷9＝　…

㉘31÷4＝　…

㉙23÷8＝　…

㉚10÷6＝　…

㉛23÷9＝　…

㉜40÷7＝　…

㉝51÷9＝　…

㉞70÷8＝　…

㉟51÷7＝　…

㊱60÷8＝　…

㊲25÷9＝　…

㊳20÷6＝　…

㊴15÷9＝　…

㊵31÷8＝　…

㊶11÷3＝　…

㊷42÷9＝　…

㊸55÷7＝　…

㊹50÷6＝　…

㊺30÷9＝　…

㊻15÷8＝　…

㊼53÷9＝　…

㊽31÷7＝　…

㊾54÷8＝　…

㊿13÷9＝　…

(　　分　　秒)

調べ学習・体験学習◎グループで達成感を

社会科では学校を出て地域の「調べ学習」にとりくみます。調べ学習ではグループでめあてを決めたり、役割を分担したりして、友だちと協力して学習することで、学習が深まるだけでなく友だちの良い面にも気づくいい機会になります。

すすめ方

「グループで調べる」を成功させる

○グループで内容や調べ方を話し合う

社会見学でスーパーマーケットの見学なら、どこの売り場で何を調べるのか、値段や産地といった具体的な事項を相談して計画を立てさせます。場面ごとに話を聞く人、メモをとる人など、グループの誰もが活躍できるように役割分担させます。

○インタビューの練習などリハーサルを

いきなり本番でなく、誰（店の人、客）にどんな質問をするか決めて練習させます。 遅れがちな子や普段おとなしい子も二人組にするなどして、力が発揮できるようにします。

○調べたことをまとめて発表する

調べてきたことを、絵や写真も使ってわかりやすくまとめさせます。発表しやすいように画用紙や模造紙などを用意します。ここでもグループの誰もが活躍できるよう配慮して分担を決めさせ、資料を作ったり、発表のための原稿も作ったりさせます。

ポイント・工夫

見学先の人とコミュニケーションを

見学先とは十分打ち合わせをしておくことが重要です。打ち合わせも調べ学習当日も、見学先の邪魔にならない時間や場所を選びます。調べる内容も打ち合わせをしておきましょう。当日は子どもたちだけに任せるのではなく、教師は写真を撮ったり、見学先の人に情報を教えていただいたりしておくと、あとでまとめるときに役に立ちます。

● まとめや次への見通し

①発表を参観などで保護者に見てもらうのもいい経験になります。
②調べ学習は打ち合わせや話し合いなど、仲間づくりの力を鍛えます。

グループ学習、一人ひとりが活躍できる配慮を

① 4人グループで相談
魚売り場がいいな～
野菜にしようか?
・どこの売り場?
・値段は?
・産地は?
② インタビューの練習
こんにちは～。見学に来た3年生の○○です。しつもんしてもいいですか?
店の人役
二人組で
品物はどこからくるんですか?
③ 本番当日はグループで協力
聞く人
メモ係
カメラ係
教師は写真撮影で記録
特売!
タイ
マグロ
ブリ
シシャモ
④ まとめと発表
スーパーのしごと
○月○日
★調べ学習の訪問先とはよく打ち合わせを!
・都合のいい時間帯は?
・見学者数は?
・内容は?
・見学範囲は?

暗唱◎俳句を味わう

中学年になると俳句や短歌など定型詩を学習します。なかでも俳句は短い言葉でぱっとイメージが浮かぶのがいいところです。リズムよく音読して、暗唱にもチャレンジしてみましょう。

すすめ方

バラバラゲームでラクラク暗唱

○まずは当たり前に連れ読みする

教科書にある俳句を音読します。「連れ読み」がおすすめです。教師が上の句の五音を読んで子どもたちに復唱させ、続いて中の句の七音を読んで復唱させ…というように進めます。「菜の花や」のような言い回しも教師がお手本を示すと、子どもは安心して読むことができます。

○バラバラにして組み合わせる

右ページのように五つの俳句を、五七五の部分に分けてそれぞれ短冊に書きバラバラにして、その短冊を「上五」の袋、「七」の袋、「下五」の袋に分けて入れます。ここまでが準備です。つぎに順番に１枚ずつ引かせて出てきた短冊を黒板に貼ります。するとおかしな俳句ができあがるので、子どもたちはクスクス笑ったりします。

そこで、「どれが合うかな」と問いかけて、ぴったり合うのを選ばせます。このとき子どもたちはたいてい正しく選び直すことができます。へんてこな俳句をおもしろがっているうちに、元の俳句が思い出せるのでしょう。

ポイント・工夫

参観でするると楽しい

五七五の袋と共に「作者」の袋もつくって、「松尾芭蕉」「与謝蕪村」「小林一茶」などの短冊も入れておくと、作者名もセットで覚えられます。参観日のように、たくさんの子を指名して発表させたいときなどにすると、袋の中から短冊を引く子だけでのべ20人を当てることができます。

まとめや次への見通し

①教師は、ゲームを楽しんでいるうちに覚えてくれればいいという気持ちでとりくみましょう。余裕があれば子どもたちが俳句をつくって交流するとりくみにつなげます。

3年生らしく楽しみながら俳句にふれる

完成！
① 五つの俳句をバラバラにする
名月を
取ってくれろと
泣く子かな
青がえる
おのれもペンキ
ぬりたてか
山路きて
何やらゆかし
すみれ草
雪とけて
村いっぱいの
子どもかな
菜の花や
月は東に
日は西に
切る
上の句
中の句
下の句
② まず誰かが上の句を１枚ひいて黒板に貼る
上の句
③ 次の子が中の句を１枚ひいて貼る
中の句
④ また次の子が下の句を１枚ひいて貼る
下の句
山路きて
取ってくれろと
ぬりたてか
あれ〜
??

漢字音訓カルタで漢字力をあげる

1学期に100字ほどの新出漢字を習いました。きちんと読んだり書いたりするために、カルタ遊びを導入します。

すすめ方

カルタはグループで分担すればスグできる

○100字を４人で分担して、カルタをつくる

１グループ４人で25枚ずつ、合計100枚のカルタを作ります。カードは画用紙を切って教師が用意しておきます。教科書の最後に載っている新出漢字の索引を使って25字ずつ分担を決めてつくります。

○読みの数だけ「●」をつける

カルタの表に漢字、裏に読みを書きます。その際ポイントとなるのは、表の漢字の横に読みの数だけ「●」を付けることです。たとえば、音読みが一つ、訓読みが二つある場合には、漢字の右側に「●」を一つ、左側に「●」を二つ書くようにします。こうしておくと、きちんと読めたかどうかの確認がとてもしやすくなります。

○まずは読みから対戦

始めは読みからします。となり同士の２人組で相手のカードを持ち、表を見せて「●」の数だけ読みが言えたらカードを返します。交互にしていきます。早くカードを取り終えた方が勝ちです。

ポイント・工夫

短時間で切り上げて毎日続けよう

時間の工夫が必要です。国語の時間の冒頭に５分間だけするとか、朝の会にするなど少しずつでも毎日できるようにします。登校して朝の用意ができたら10枚だけして読めた子から遊びに行くなどのユニークな方法もあります。ゲーム感覚でとりくむのがこつです。

まとめや次への見通し

①１日や１週間で終わるのではなく、１か月や１学期を見通して、長い期間続けるつもりでとりくみましょう。学級に熱気が生まれてきます。

◎カルタを作る

- 画用紙で４cm×６cmのカードをたくさんつくる
- ４人グループに100枚配る（１人25枚）

1
2
3
4

役割を決めます

- １の子は①〜㉕の漢字
- ２の子は㉖〜㊿
- ３の子は(51)〜(75)
- ４の子は(76)〜(100)

- カードの表には漢字と「•」を書く

（表）

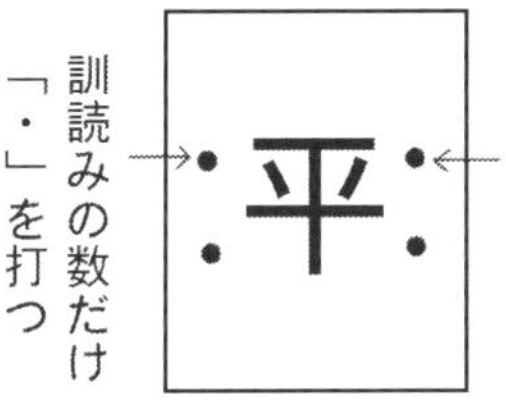
訓読みの数だけ「•」を打つ
平
音読みの数だけ「•」を打つ

（ウラ）

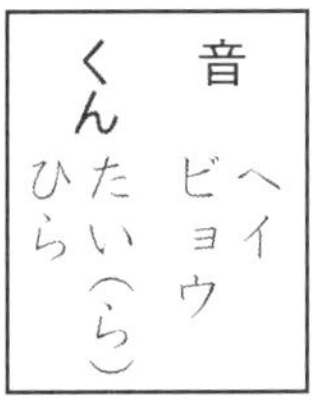
音
ヘイ
ビョウ
くん
たい（ら）
ひら

- カードの裏には読みを書く

◎カルタで対戦

- となり同士でカルタを交換
- 先攻後攻を決め、１枚ずつカルタを見せて相手が読めたらそのカルタを返す
- 読みまちがったカルタをいちばん後ろに入れる
- 先に自分のカルタを全部とり返した方が勝ち

読みの場合
平
う〜ん……
書きの場合
音
ヘイ
ビョウ
くん
たい（ら）
ひら
ヨコ、チョン、チョン、ヨコ、タテ棒

書きの場合は、筆順通りにヨコ棒、チョンなどと言っていきます。部首を覚えておくとスムーズです

2桁×２桁の筆算の導入

３年生の子は手順さえ理解すればどんどん計算問題をこなしていきます。手順を理解しやすいのが、「カケルくん」です。

すすめ方

「カケルくん」で手順バッチリ

○「カケルくん」で何×何かを明確にする

「カケルくん」（右ページ参照、型紙は巻末に）を作り、これを使って２桁×２桁の筆算の手順を理解させます。導入では「12×23」のようなくり上がりのない数字を使い、以下のように進めます（右ページは３回くり上がる「24×37」の手順）。

カケルくんの○の部分をかける数の一の位の数字に合わせ、矢印をかけられる数の一の位に向けます。ここでまず、一の位同士のかけ算をすることを理解させます。次に、矢印を十の位のかけられる数に向け、「一の位×十の位」のかけ算をします。同じようにして「十の位×一の位」「十の位×十の位」をし、最後にかける君をはずし、たし算をします。

右のように「下からカケル～」「右からカケル～」と、カケルくんを使いながら何度も手順を確認して指導していくと、子どもたちは楽しく筆算の手順を覚えることができます。

○補助数字は左上に小さく

遅れがちな子は、筆算の問題を書くときに位をそろえて書くのが苦手です。方眼マスのノートを使うといいでしょう。くり上がりのあるときは、教科書では扱っていませんが、くり上がった数字を上の位に小さく書くようにします。こうすると、たし算でまちがわずに正しく計算することができます。

ポイント・工夫

やさしいものから順番に

始めに復習をかねて２桁×１桁の筆算から入るのもよいでしょう。また２桁×２桁の学習に入ったら、九九や２桁×１桁の習熟具合に応じて、「22×22」型→「72×22」型→「22×27」型→「77×77」型と、やさしいものから順に学習させます。

● まとめや次への見通し

①ここでしっかり原則を覚えておくと、桁数が増えたときにもすぐに応用できます。

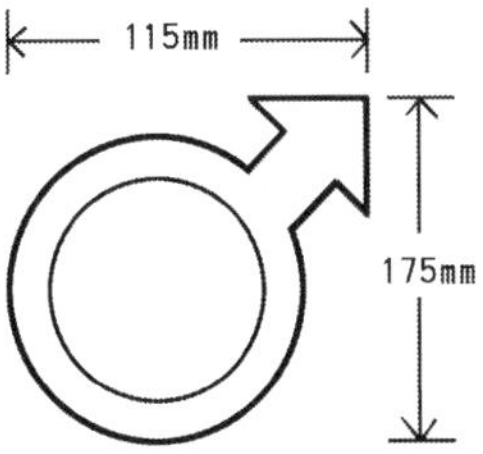

- 黄色の色画用紙でつくります
- パウチをしておくと長く使用できます
- 高さ17.5ｃｍ、はば11.5ｃｍくらい
(実物大テンプレート巻末掲載)

◎カケルくんの使い方

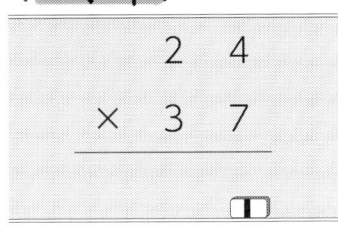

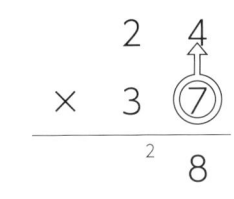

	2　4
×	3　7

	2　4
×	3　⑦
	^{2}　8

カケルくんを７に
ペタッと貼る
矢印は４に向けて

「下からかける～」
７×４＝28
くり上がった２は
右肩に小さく書く

	2　4
×	3　⑦
	1　6^{2}　8

矢印を２に向ける

「右からかける～」
７×２＝14
２＋14＝16

	2　4
×	③　7
	1　6^{2}　8
	^{1}　2

カケルくんを３に
はる
矢印は４に向けて

「左からかける～」
３×４＝12
くり上がった１は小さく

	2　4
×	③　7
	1　6^{2}　8
	7^{1}　2

矢印を２に向
ける

「下からかける～」
３×２＝６
６＋１＝７

	2　4
×	3　7
	1　6^{2}　8
	7^{1}　2
	8　8　8

カケルくんを
はずして
たし算をする

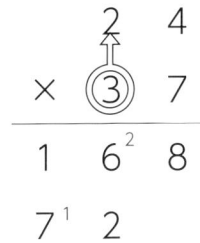

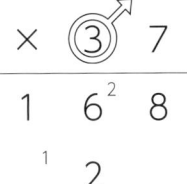

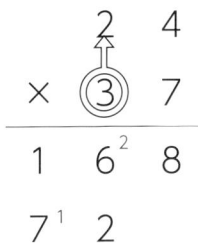

分数の計算◎分数タイルを使って

３年生の分数の計算は、同分母の計算なので分子のみのたしひきです。今まで計算が苦手だった子に自信を回復させてあげるチャンスです。ここでは１を分数に変換するときは分数タイルがおすすめです。

すすめ方

分数タイルで理解を進める

○数字は大きく書かせる

ノートをていねいに書かないために計算をまちがえることがよくあります。とくに１マスに分数を入れようとして小さく書いて、自分でわからなくなってしまうのです。分数を書くときには、マスに一つの数字を入れることを徹底します。分母と分子で縦に２マス使うわけです。そのことだけでも、計算のまちがいは減ります。

○分数タイルをつくる

厚紙で分数タイルをつくっておくと分数の意味がよく理解できます。折り紙の大きさの厚紙を１として、その上に半分に切った折り紙をかぶせれば２分の１です。同じように三つに切った折り紙は３分の１を表します。端だけセロテープで止めておくと便利です。

○１を分数に変換する練習をする

１は２分の２、３分の３、４分の４…ということがわからず分数計算が苦手なままの子がいます。分数タイルを使って１を分数に変換することだけを取り出して練習するといいでしょう。

ポイント・工夫

１と分数の関係

分数タイルを使えば、分数の計算の意味が視覚的に理解しやすくなります。たとえば、「$\frac{1}{3}+\frac{2}{3}$」の場合、分数タイルで３分の１を作り、後から３分の１の折り紙を二つかぶせれば厚紙と同じ大きさになります。つまりは、３分の３は１と同じ大きさだということが目で見てわかるのです。

まとめや次への見通し

①分数タイルで分数の意味をよく理解させましょう。
②分数タイルで理解できれば、帯分数の学習にも役立ちます。

◎分数タイルを作る、使う

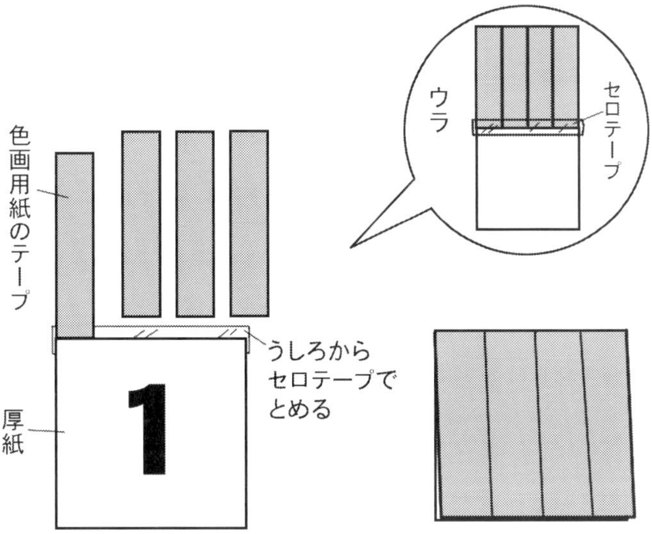
色画用紙のテープ
ウラ
セロテープ
うしろから
セロテープで
とめる
厚紙
1

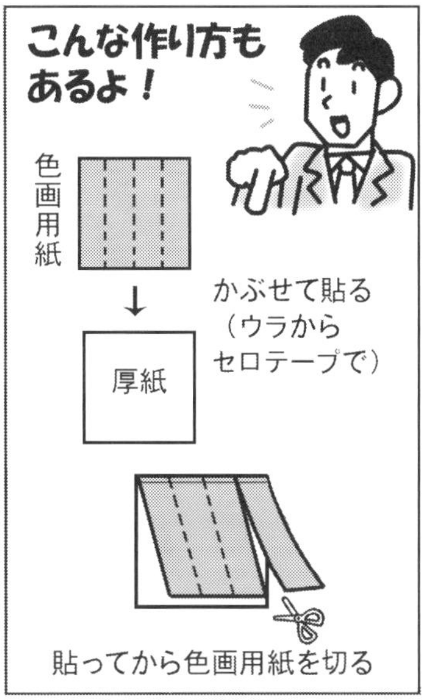
こんな作り方もあるよ！
色画用紙
かぶせて貼る
（ウラから
セロテープで）
厚紙
貼ってから色画用紙を切る

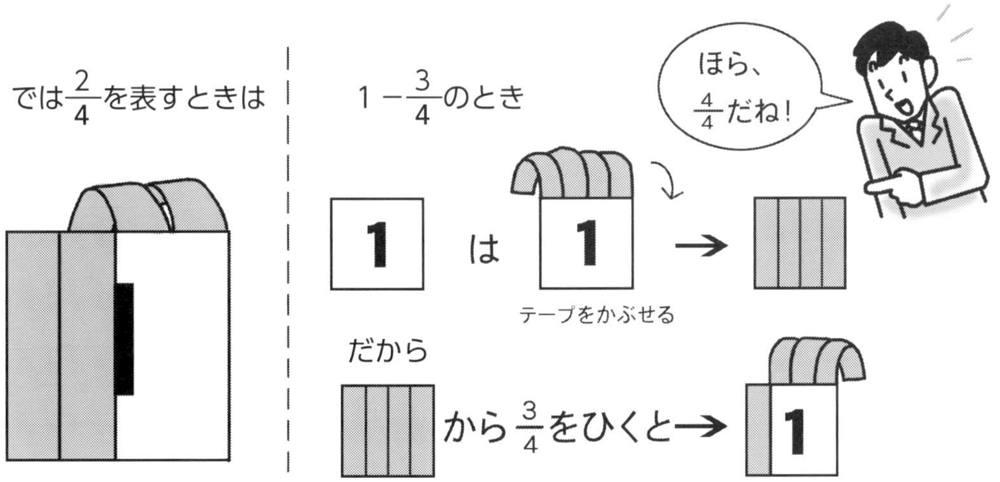
では$\frac{2}{4}$を表すときは
1 − $\frac{3}{4}$のとき
ほら、
$\frac{4}{4}$だね！
1
は
1
テープをかぶせる
だから
から$\frac{3}{4}$をひくと
1

◎ノートの書き方もおさえよう

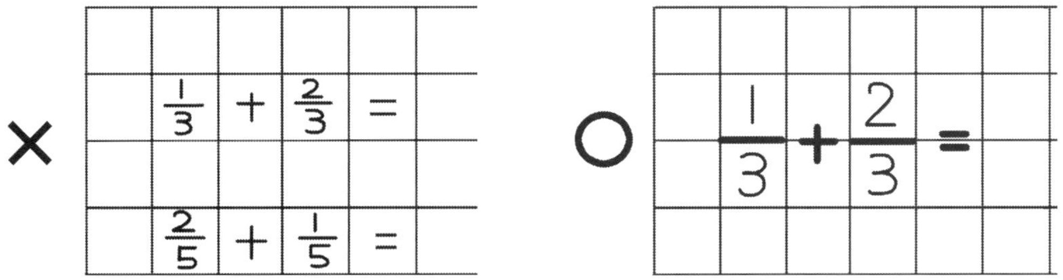
×
$\frac{1}{3}$ + $\frac{2}{3}$ =
$\frac{2}{5}$ + $\frac{1}{5}$ =
○
$\frac{1}{3}$ + $\frac{2}{3}$ =

小さく書くとまちがえる　　マスに数字は１つ！

小数の導入◎水のかさを使って

２年生でＬやdLを学習しています。小数の導入では、そのときと同じように「水のかさ」を使って、小数の意味を理解させることが必要です。そうすれば、位をそろえないで計算してしまうというまちがいが減らせます。

すすめ方

実際にやって見せる

○実感させる

水筒やバケツの水をＬマスを使って測らせてみたり、教師が実演したりします。そして、「何Ｌだった？」とか「どちらが多い？」などと聞くことで、Ｌだけでは測れない半端な量をどう表せばいいかという場面に直面させます。まずは、小数の必要性を実感させることが大事でしょう。

○発見させる

１Ｌより小さいはんぱな量を表すのに、いろいろな方法を考えさせ、最終的には１Ｌを10等分した量をもとにすればよいというまとめに導きます。１Ｌを10等分した一つを「0.1」と表すことを教えます。大事なことは、最初から教え込むのではなくて、いろいろな方法を考えさせることです。そうすることで小数の理解が深まります。

○タイルを使って

0.1のタイルを作って、いくつ分あるかを視覚的にていねいに説明しましょう。１Ｌマスを10等分した一つ分（＝0.1）を色画用紙などで作っておくと便利です。

ポイント・工夫

「0.1」が10こで「１」になることを押さえる

１を十等分した一つ分が「0.1」なので、10こ集まったら「1」になることをくり返し理解させます。そのことが理解できれば、11こで「1.1」12こで「1.2」…や１と0.1で「1.1」１と0.2で「1.2」ということが理解されやすくなります。

まとめや次への見通し

①経験を通して小数の必要性を体験させることが大切です。
②小数の意味が理解できると、小数の計算で大きなまちがいをすることが少なくなります。

◎単元の1時間目、水筒の水をくらべてみる

どちらがたくさん入っているかな？
アレ？
全部で何L？

容れ物のかさが違うのでくらべられないね
0.1をもとにするとくらべられました

★小数の必要性を実感させる

◎図で表すと

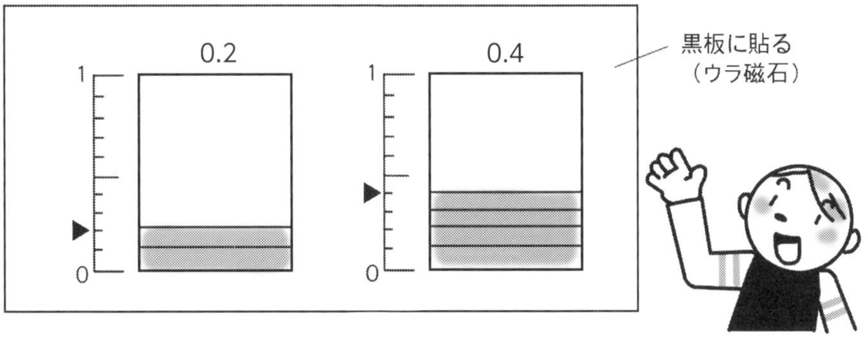
0.2
0.4
1
0
1
0
黒板に貼る
（ウラ磁石）

小数の計算◎小数点をそろえる

３年生の小数の計算は、小数第一位までのたし算ひき算です。計算そのものはやさしいのですが、位をそろえることがつまずきやすいところです。

すすめ方

位をそろえることが最大のポイント

○方眼ノートを使う

遅れがちな子は、筆算を書くときに位をそろえて書くのが苦手です。そこで、ノートは罫線だけのものではなくマスになっているもの（方眼ノート）を使います。そして、１マスに一つの数字を書きいれることを徹底させます。小数点は罫線の上に書くこともルールにしておきましょう。

○小数点を意識させる

位をそろえるためには、小数点を目印にするとわかりやすいようです。とくに、「整数＋小数」のような計算では、筆算を書きまちがえることがよくあります。整数も（書きませんが）一の位の右に小数点があることを教えます。

○0.1のいくつ分で考える

小数の意味の理解が不十分な子は、とんでもないまちがいをしても平気です。たし算をしているのに、元の数よりも小さくなっていても気がつかないままです。そんなときには、もう一度0.1のいくつ分かで考えさせましょう。計算練習だけをくり返しするよりも、効果があります。

ポイント・工夫

見通しを立ててから計算する

「１＋0.3」を「0.4」としたり、「2.5－２」を「2.3」としてしまう子が少なからずいます。「１に0.3をたすので、答えは１より少し大きくなる」「2.5から２をひくので、答えは１より小さくなる」のように、見通しを立ててから計算するようにすると、まちがいに気づきやすくなります。

まとめや次への見通し

①４年生で習う小数のかけ算では右端の数字をそろえるので、ここでしっかり筆算の仕方を練習しておくようにしましょう。

◎小数点はマス目の交差したところに書く

まちがいの例

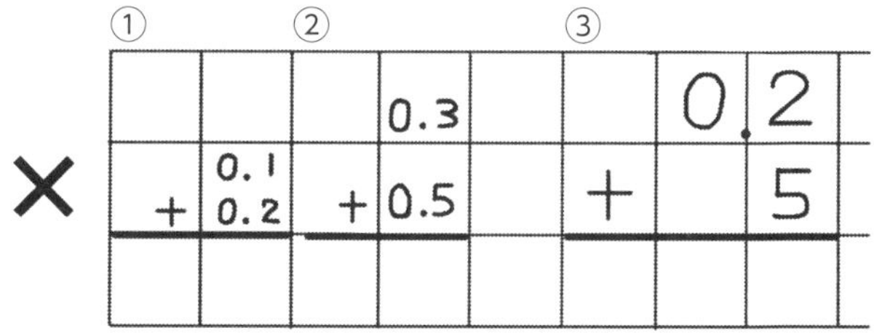
×
①
+ 0.1
0.2
②
0.3
+ 0.5
③
0 2
+ 5

小さすぎたり、
位がそろって
なかったりして
ミスします

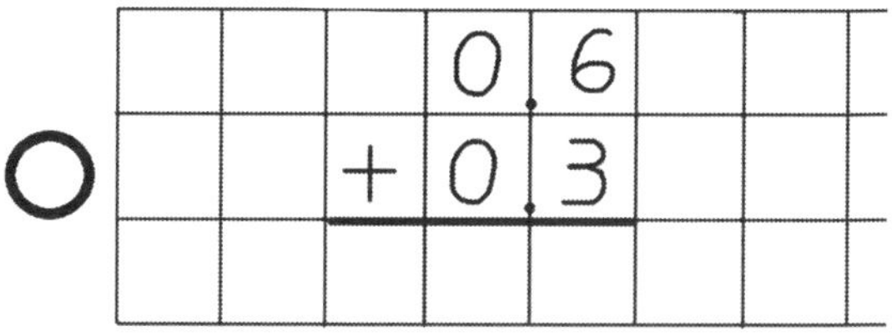
○
0 6
+ 0 3

こんなふうに
書かせましょう

小数点はマス目の交差したところに書きます

黒板にもマス目をかいておくといいですね

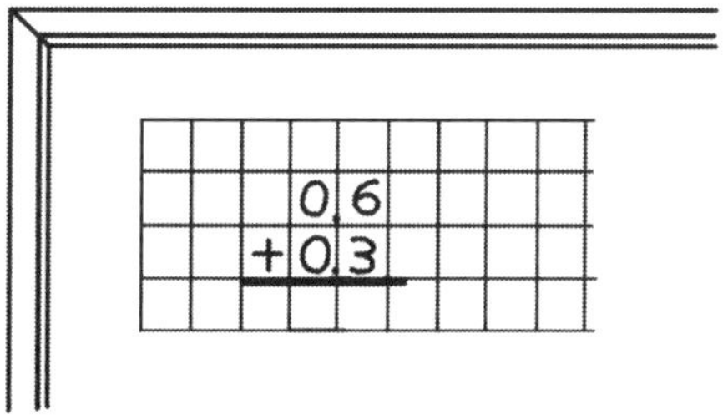
0 6
+ 0 3

◎こんな場合はまちがいやすい「4 −0.3」

整数にも
小数点をうつと
そろえやすいよ

4は0.1が40こ

0.3は0.1が３こ

40こ−３こ＝37こ

0.1が37こ

アッ！

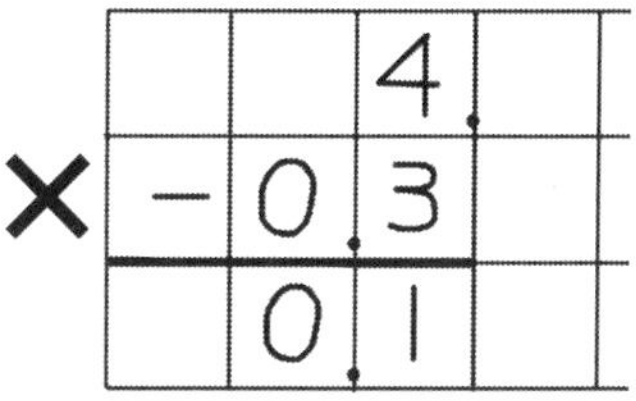
×
4
− 0 3
0 1

小数点が
そろってない…。

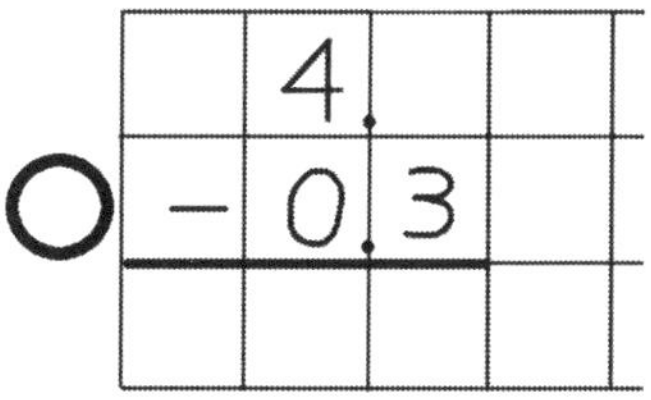
○
4
− 0 3

作文（原稿）用紙の使い方

作文（原稿）用紙に文章を書いたとき、句読点やかぎかっこが正しく表記されていますか。作文用紙の使い方を取り立てて指導することが大事です。

すすめ方

決まりを確認しながら視写する

○指導するポイントは６こ

①書き出し、段落替えは１マス空ける。

②句読点は、１マス使う。

③一番上のマスに句読点がくるときは、前の行の一番下のマスに文字と一緒に入れる。

④会話文は「　」に入れる。

⑤「　」の途中で行を変えるときは、一番上の１マス目をあける。

⑥「　」のあとは改行する。

作文指導とは別の時間に指導します。

上記の六つの決まりが含まれている「作文用紙の書き方」のお手本と作文用紙を配ります。教師は作文用紙のマス目黒板に板書しながら、①～⑥の決まりを説明し、子どもにお手本通りに視写させます。

○他の例文で練習する

次に他の例文で、お手本なしで作文用紙に①～⑥の決まりで書かせてみます。あとで全員で正しく書けているか確認します。

ポイント・工夫

色鉛筆を使い、視覚的に意識させる

お手本に色鉛筆で下の書き込みをさせ、視覚的に右の①～⑥を意識させます。

- 「、」や「。」を赤鉛筆でかこむ
- １マス空ける個所に青鉛筆で○をかく
- 「　」を緑でかこむ
- 「　」のあとの空いたマスを黄色で線を引く

まとめや次への見通し

①物語や説明文などの読み取りを深めるときに、視写として一部を作文（原稿）用紙に書き換える活動をとりいれると作文用紙の書き方がより定着します。

作文用紙の使い方

① 書き出し、段落がえは一マスあける
…1・4・9・17・19行目

② 句読点（、と。）は一マス使う

③ 一番上に句読点がくるときは、前の行の一番下のマスに文字と一緒に入れる
…11行目

④ 会話文は「」に入れる
12・13・15行目

⑤ 「」の途中で改行するときは、一番上の一マス目をあける
…13行目

⑥ 「」のあとは改行する
…14・16行目

組　　名（　　　　　　　　）

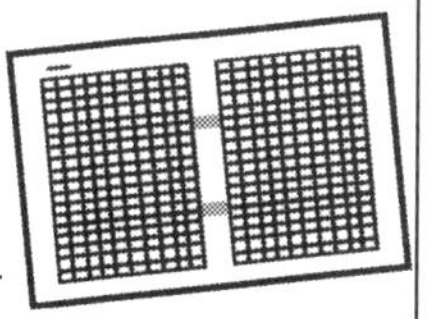

1 　大そうじ
2 　　　　　　　　　宮本　ゆき
3
4 　きのう、注文していた本だなが、
5 とどきました。本が、どんどんふえ
6 て、今ある本だなに全部しまうこと
7 ができないので、新しくて大きい本
8 だなにかえることになったのです。
9 　お父さんが、本だなを組み立てて
10 くれている間に、お母さんとわたし
11 で、本の整理をすることにしました。
12 「いらない本は、まとめてひもでし
13 　ばるから、物おきに運んでね。」
14 と、お母さんが言いました。
15 「まかしときー。」
16 と、言って、はりきりました。
17 　新しい本だなに、同じくらいの大
18 きさの本を、そろえて入れました。
19 　すると、見た目にもすっきりして、
20 とても気持ちよく感じました。

10回たし算・ひき算で計算力を向上させる

同じ数を10個たすのが10回たし算です。答えは、始めの数の10倍になります。途中で１回でもまちがうと、10倍の数になりませんから集中力がいります。10回ひき算はその逆算です。計算習熟のバリエーションです。同じ数をたすので倍数感覚も身につきます。

すすめ方

10回のくり返しで集中する

３年生で新しく習う計算の学習がすべて終わったこの時期に、集中して計算を正確にする力と数感覚を養うとりくみです。算数授業の始めなどにとりくみます。

○はじめは２桁のたし算から

ノートに、２桁の数を書き、同じ数をたす筆算式を書き、計算して答えを書きます。次にその答えの下に、同じ数をたす筆算式を書き、同様に答えを書いていきます。これを10回くり返し、はじめの数の10倍になれば、途中の計算は合っています。

○そのまま10回ひき算へ

10回たし算の最終の答えから同じ数をひく筆算式を書き、計算して答えを書きます。その答えから、さらに同じ数を引く筆算式を書き、答えを書いていきます。10回くり返し、答えが０になれば、途中の計算は合っていることになります。

ポイント・工夫

個々の力に応じて計算練習を

同じ数の10回たし算と10回ひき算をセットですると、途中で答えがまちがっても、どこでまちがったか自分でチェックすることができるので、一人でも答え合わせができます。計算力に応じて、桁数を調整することもできます。

● まとめや次への見通し

①一度やり方がわかると、いつでもどこでもできます。マス計算が早く終わったときや学期末のテストの余った時間などにもできます。
②慣れてきたら、時間を計ったり、一定時間内に何問できるかなど目標をもってチャレンジさせます。

個々の力にあわせて計算練習ができる

- 算数授業の始めのウォームアップ
- 計算習熟のバリエーションとして
- 桁数を調整して個の力にあわせる
- すき間時間でもできる
- タイムトライアルをすると盛り上がる

	4	2	9
+	4	2	9
	8	5	8
+	4	2	9
1	2	8	7
+	4	2	9
1	7	1	6
+	4	2	9
2	1	4	5
+	4	2	9
2	5	7	4
+	4	2	9
3	0	0	3
+	4	2	9
3	4	3	2
+	4	2	9
3	8	6	1
+	4	2	9
4	2	9	0

	4	2	9	0
-		4	2	9
	3	8	6	1
-		4	2	9
	3	4	3	2
-		4	2	9
	3	0	0	2
-		4	2	9
	2	5	7	4
-		4	2	9
	2	1	4	5
-		4	2	9
	1	7	1	6
-		4	2	9
	1	3	9	7
-		4	2	9
		9	6	8
-		4	2	9
		5	3	9

ここまでは
あっていたね

- たし算のたされる数を決めれば、ノートを使ってできる

はじめの数
429

よし!
429の
10倍だ!

あれ～?
429じゃない!

縄跳びで体力づくり・仲間づくり

3年生はスイッチが入ったら、驚くほど縄跳びに夢中になります。縄跳び台は必須アイテム。少しコツを教えてあげると、難しい技にも挑戦します。

すすめ方
縄跳び台は魔法のアイテム

○縄跳び台を用意する

縄跳び台があると高くジャンプできて、二重跳びや三重跳びがしやすくなります。休み時間には、走って行って行列ができるほど人気があります。私は管理作業員さんにつくってもらっていました。

○コツを教える

どうしたらうまく跳べるようになるのか、二つのことを意識させます。一つは、縄は腰の高さで回すこと。もう一つは、膝を使って柔らかく跳ぶこと。この二つが、長く跳ぶためのコツです。

○練習の方法を工夫する

3年生は競争するのが大好きです。誰が長く跳べるかとか、誰がたくさん跳べるかとか、誰が速く跳べるかなど、さまざまな、いい意味での競争をして練習できるようにします。

ポイント・工夫
縄跳びでは競争を楽しむ

いろいろな跳び方でのチャンピオン決定戦はとても盛り上がります。誰が一番長く跳べるかを競争するのですが、ひっかかった子は座るようにしておくと、跳んでいる子がだんだん少なくなってきて残り二人くらいになると、自然に大きな声援がとんだりします。1分間でどれだけ跳べるかなら、苦手な子も座らずに跳び続けることができます。

● まとめや次への見通し

①じょうずな子に豆コーチを頼むと、苦手な子が置き去りにされることがなくなります。全員でできる長縄では、クラスの団結力が強まります。

競争の仕方を工夫して、盛り上がろう

① 縄跳び台を用意する

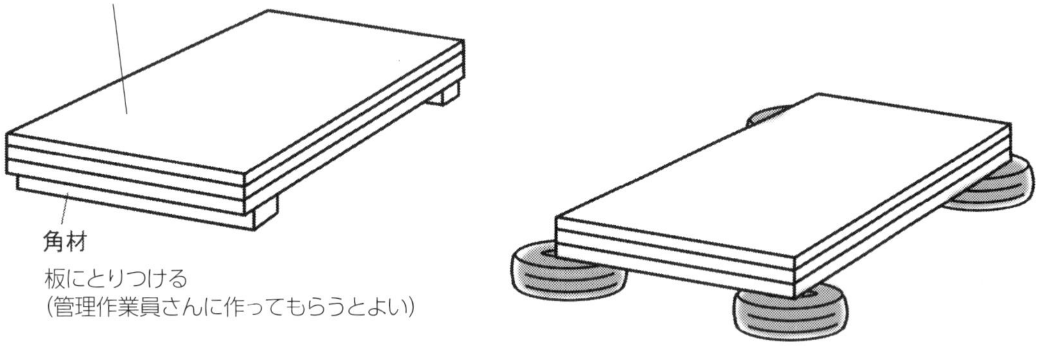
ベニヤ板3枚くらい
合わせたもの
(教材屋さんにたのむともって
きてくれます)
角材
板にとりつける
(管理作業員さんに作ってもらうとよい)
角材のかわりに
四すみに古タイヤをおいてもいいです

② 誰もが跳べるコツ

- なわとびはこしのところで持つ
- ひざをやわらかく使う
- 教え合う

③ チャンピオン決定戦

持久跳び

ガンバレ～!!

ひっかかった子はすわる

リズム漢字（3年生）を楽しもう

リズム漢字は、一つ一つていねいに学習してきた漢字を効率よく楽しく復習するのに最適です。みんなでリズムに合わせて音読すると、教室が楽しい雰囲気に包まれます。新出漢字の学習が終る頃に始めます。

すすめ方

リズムよく読めると楽しい

４月始めに２年生の学習漢字を復習したように進めます（10ページ参照）。１月から時間を決めて毎日続けると、３年生の学習漢字200字を暗唱してしまう子も出てきます。

○プリントを用意する

リズム漢字のプリントを用意し、厚紙に貼るなどして長く使えるようにしておきます。教師がお手本を示し、連れ読みで読み方とリズムを覚えさせます。全部で35行あるので、３分割して、１週目、２週目、３週目と練習します。

○リズムに合わせて

４月同様、手拍子をしたりウッドブロックでリズムを取ったりして、リズムに乗せて読めるように練習します。最初はゆっくりと正確に読めることを目標にします。慣れてきたら、少し速くしてチャレンジさせます。全部読み切ったときには、みんな笑顔になります。

ポイント・工夫

長続きできる工夫を

朝の会や国語の時間の冒頭のように時間を決めておくと、継続しやすくスムーズに学習に入っていくことができます。拡大機で拡大して黒板に貼れば、子どもたちは顔を上げて大きな声で唱えることができます。

まとめや次への見通し

①３年生の漢字の復習に最適、全員で楽しい雰囲気で唱えることが大切です。
②読むことに慣れたら、書きの練習も少しずつくぎって時間を決めてさせます。
③３月の「漢字総まとめ」の時期までとりくむと、漢字の定着が確実です。

◎3週間で200字の計画

『リズムでおぼえる漢字学習』清風堂書店より

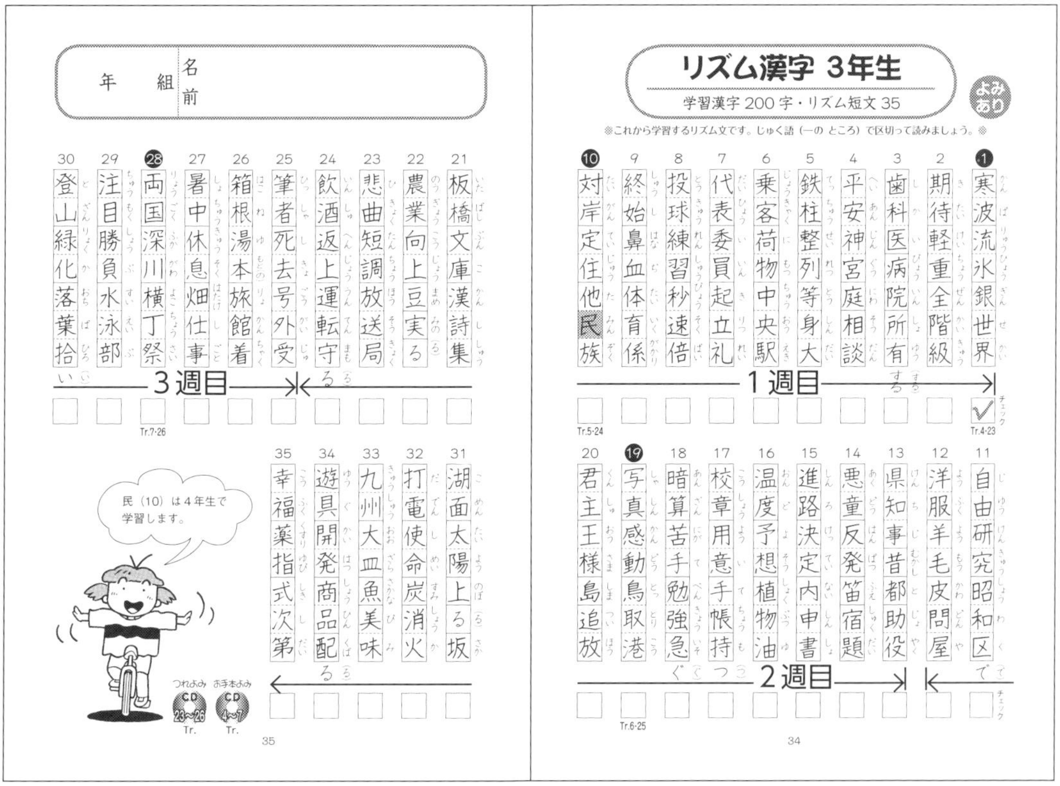

年　組　名前

リズム漢字 3年生

学習漢字 200 字・リズム短文 35

よみあり

※これから学習するリズム文です。じゅく語（一の ところ）で区切って読みましょう。※

1週目

1 寒《かん》波《ぱ》流《りゅう》氷《ひょう》銀《ぎん》世《せ》界《かい》
2 期《き》待《たい》軽《けい》重《ちょう》全《ぜん》階《かい》級《きゅう》
3 歯《し》科《か》医《い》病《びょう》院《いん》所《しょ》有《ゆう》する
4 平《へい》安《あん》神《じん》宮《ぐう》庭《にわ》相《そう》談《だん》
5 鉄《てっ》柱《ちゅう》整《せい》列《れつ》等《とう》身《しん》大《だい》
6 乗《じょう》客《きゃく》荷《に》物《もつ》中《ちゅう》央《おう》駅《えき》
7 代《だい》表《ひょう》委《い》員《いん》起《き》立《りつ》礼《れい》
8 投《とう》球《きゅう》練《れん》習《しゅう》秒《びょう》速《そく》倍《ばい》
9 終《しゅう》始《し》鼻《はな》血《ぢ》体《たい》育《いく》係《がかり》
10 対《たい》岸《がん》定《てい》住《じゅう》他《た》民《みん》族《ぞく》

チェック　Tr.4・23　Tr.5・24

2週目

11 自《じ》由《ゆう》研《けん》究《きゅう》昭《しょう》和《わ》区《く》で
12 洋《よう》服《ふく》羊《よう》毛《もう》皮《かわ》問《どん》屋《や》
13 県《けん》知《ち》事《じ》昔《むかし》都《と》助《じょ》役《やく》
14 悪《あく》童《どう》反《はん》発《ぱつ》笛《ふえ》宿《しゅく》題《だい》
15 進《しん》路《ろ》決《けっ》定《てい》内《ない》申《しん》書《しょ》
16 温《おん》度《ど》予《よ》想《そう》植《しょく》物《ぶつ》油《ゆ》
17 校《こう》章《しょう》用《よう》意《い》手《て》帳《ちょう》持《も》つ
18 暗《あん》算《ざん》苦《にが》手《て》勉《べん》強《きょう》急《いそ》ぐ
19 写《しゃ》真《しん》感《かん》動《どう》鳥《とっ》取《とり》港《こう》
20 君《くん》主《しゅ》王《おう》様《さま》島《しま》追《つい》放《ほう》

チェック　Tr.6・25

34

3週目

21 板《いた》橋《ばし》文《ぶん》庫《こ》漢《かん》詩《し》集《しゅう》
22 農《のう》業《ぎょう》向《こう》上《じょう》豆《まめ》実《みの》る
23 悲《ひ》曲《きょく》短《たん》調《ちょう》放《ほう》送《そう》局《きょく》
24 飲《いん》酒《しゅ》返《へん》上《じょう》運《うん》転《てん》守《まも》る
25 筆《ひっ》者《しゃ》死《し》去《きょ》号《ごう》外《がい》受《じゅ》
26 箱《はこ》根《ね》湯《ゆ》本《もと(の)》旅《りょ》館《かん》着《ちゃく》
27 暑《しょ》中《ちゅう》休《きゅう》息《そく》畑《はたけ》仕《し》事《ごと》
28 両《りょう》国《ごく》深《ふか》川《がわ》横《よこ》丁《ちょう》祭《さい》
29 注《ちゅう》目《もく》勝《しょう》負《ぶ》水《すい》泳《えい》部《ぶ》
30 登《と》山《ざん》緑《りょく》化《か》落《おち》葉《ば》拾《ひろ》い

Tr.7・26

31 湖《こ》面《めん》太《たい》陽《よう》上《のぼ》る坂《さか》
32 打《だ》電《でん》使《し》命《めい》炭《すみ》消《しょう》火《か》
33 九《きゅう》州《しゅう》大《おお》皿《ざら》魚《さかな》美《び》味《み》
34 遊《ゆう》具《ぐ》開《かい》発《はつ》商《しょう》品《ひん》配《くば》る
35 幸《こう》福《ふく》薬《くすり》指《ゆび》式《しき》次《し》第《だい》

民（10）は4年生で学習します。

つれよみ CD 23〜26 Tr.　お手本よみ CD 4〜7 Tr.

35

◎朝の会 国語授業のはじめ はリズム漢字と決めておく

★拡大機で大きくして黒板に貼れば、子どもはプリントを見なくても読むことができる

くわしくする言葉を学ぶ

言葉や文節の意味をくわしくする言葉、修飾語のはたらきを学習することで、文の構成要素を理解させ、さらにわかりやすく表現豊かな文になることを理解させます。

すすめ方

くわしくする言葉をつけたそう

○くわしくする言葉をつけたす

①「犬」など名詞を示し、「かわいい」「大きい」「小さい」などくわしくする言葉をつけたしていきます。

「犬」だけでは、人によってもつイメージが前述のようにちがうから、どんな犬かを伝えるのに、くわしくする言葉がいることを理解させます。

②「作る」などの動詞を示し、くわしくする言葉をつけたしていきます。

「こまを」「椅子を」「たくさん」「いっしょうけんめいに」など。①と同じように「作る」だけでは何を作るのか、どんなふうに作るのかわからないからくわしくする言葉がいることを理解させます。

③「鳥が鳴く」などのように主語と述語だけの文に、くわしくする言葉をつけたしてくらべると、くわしくする言葉のはたらきがわかりやすいです。

○くわしくする言葉を探す

教科書や子どもが書いた作文などから文を選び、くわしくする言葉を見つけさせます。見つけた言葉は、どの言葉をくわしくしているのかを検討します。

ポイント・工夫

くわしくする言葉をどんどん出させる

身近なもの（黒板・ランドセルなど）や、できごと（寒い・遊んだなど）を題材にすると、くわしい言葉をつけたしやすいでしょう。

言葉や文に修飾語をつけたしていく活動は、ゲーム化すると楽しいです。

まとめや次への見通し

①主語・述語・修飾語の文の構成要素を理解し、今後の表現活動にいかします。

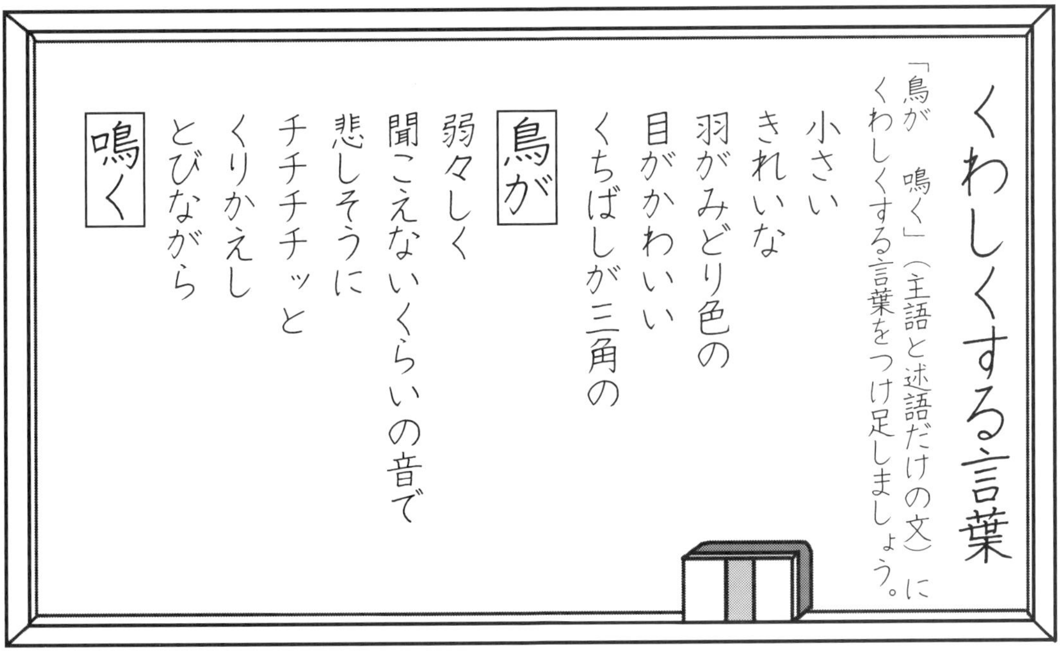
くわしくする言葉
「鳥が　鳴く」（主語と述語だけの文）に
くわしくする言葉をつけ足しましょう。
小さい
きれいな
羽がみどり色の
目がかわいい
くちばしが三角の
鳥が
弱々しく
聞こえないくらいの音で
悲しそうに
チチチチッと
くりかえし
とびながら
鳴く

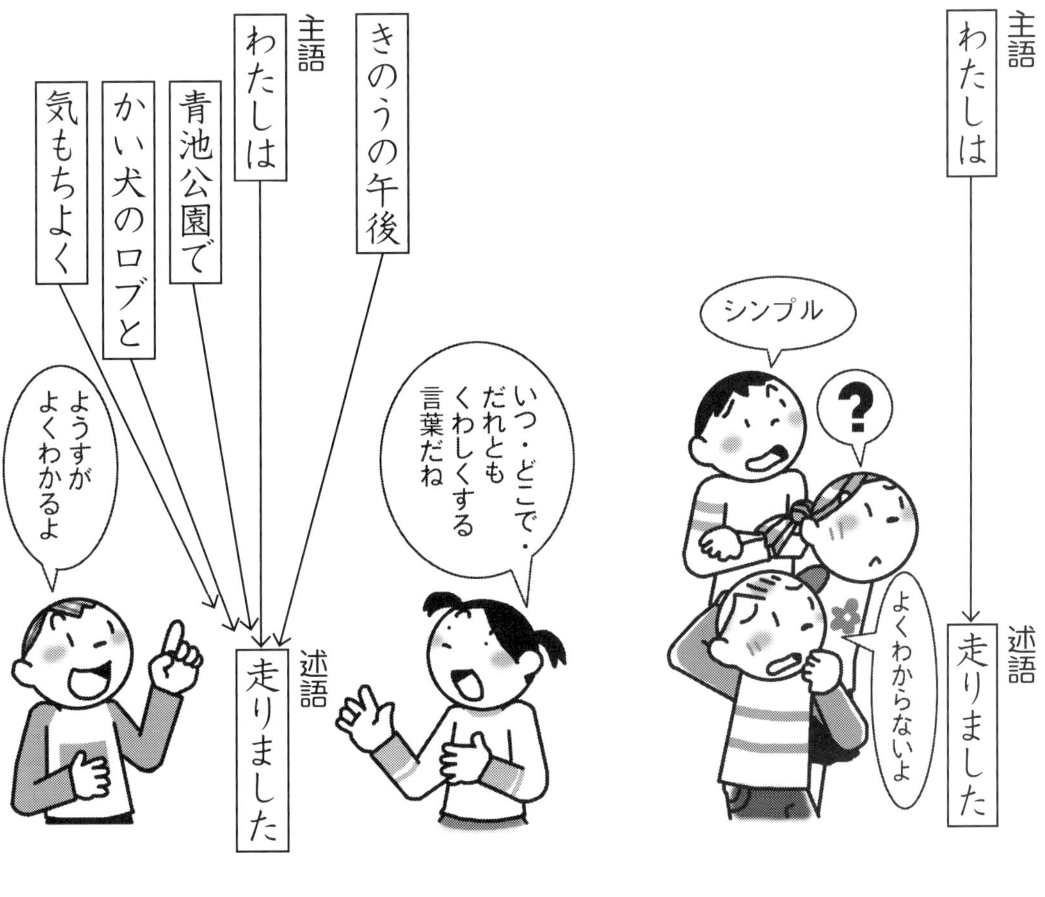
主語
わたしは
述語
走りました
シンプル
?
よくわからないよ
きのうの午後
主語
わたしは
青池公園で
かい犬のロブと
気もちよく
述語
走りました
いつ・どこで・だれともくわしくする言葉だね
ようすがよくわかるよ

自学にとりくもう

家庭学習の習慣は、これまでの積み重ねで身についてきていると思います。そろそろ高学年に向けて、自学にとりくませましょう。自分で目標をもち、課題を設定してやりとげる経験を積むことは、学力を伸ばすだけでなく、学習能力を高め、将来の大きな力になるでしょう。

すすめ方

自学ノートを用意してとりくませる

○自学メニューを紹介する

自学用のノートを用意させます。１センチ方眼リーダー線入りのノートが、すべての教科で使え、図や表も書きやすくおすすめです。

いきなり家庭でするのでなく、始めは学級で全員でします。自学メニューの例をあげたプリント（右ページ参照　Ｂ５判）を配り説明します。自学メニューのプリントは、説明した後、各々の自学ノートの表紙裏に貼らせます。

○学級でノートの交流をさせる

教室で数回、自学の時間をとり、各自とりくませます。友だちがどんな自学にとりくんだか交流したり、教師が自学に上手にとりくんでいる子のノートを紹介したりします。

次に、自学の日を週に１回決めて、各自でとりくませ、慣れてきたら各自のペースで行うようにします。

ポイント・工夫

教師の評価と励ましで習慣化させる

自学で何をしてよいかわからない子にはアドバイスします。自学をやってきたことを評価し、継続できるように励まします。

自学の習慣化を図るため、提出ペースや評価方法を決めます。一定のページが進むごとにシールを貼ったり、ポイントを加点していくなど簡単な評価をします。

まとめや次への見通し

①教室でも、授業が早く終わったとき、少しの空き時間、待ち時間に読書と同じように自学をすることを習慣づけ、高学年につなげます。

自由学習にとりくもう！

＊自分のペース、やる時間を決めてつづけましょう。
＊自由学習ノートに、やる気の出る名前をつけましょう。
＊メニュー表をさんこうに、計画をたてましょう。

	つづけよう	ときどき	チャレンジ
国語	漢字練習 日記	詩や教科書の文章を写す 意味調べ 感想文 国語ノートを写す	ことわざ調べ じゅく語作り 部首ごとに漢字集め
算数	計算練習 教科書の問題をする	まちがった問題をする 教科書のかこみ部分を写す 問題集ドリル	自分で文しょうの問題を作ってとく
社会	教科書を音読 教科書の大事なことがらをまとめる ノートを写す	教科書の図や表、グラフを写し、わかったことや思ったことをまとめる	旅行や出かけた土地のレポート
理科	教科書を音読 教科書の大事なことがらをまとめる ノートを写す	教科書の図や絵を写す	かっている生き物や育てている植物のかんさつ
音楽		歌 リコーダーの練習	
図工		身近なもののスケッチ	遊び道具を手作り
体育	ストレッチ うでたてふせ ふっきん ブリッジ ランニング		あこがれのせん手について、レポート
その他	読書 かんたんな家の仕事	家の人といっしょに料理	家の人をよろこばせるサプライズ

３年生の計算の復習とつまずきチェック

３年生では、新しい計算を何種類も学習しました。その単元の学習のときにはできていても、しばらくするとやり方をわすれたりします。２月に入ったら復習をしながら、理解や習熟が不十分なところを直しておきましょう。

すすめ方

復習は個別ではなく一斉に

○全体の傾向、つまずきの原因をつかむ

1年間使ってきた計算ドリルのまとめのページや、市販テストについている確かめテストをします。2月になったらなるべく早い時期に着手しましょう。復習する時間がとれるからです。

答え合わせをし、学級の全体的な傾向をつかみます。このとき４月や半年後の計算実態調査の結果も参考にして、つまずきの原因を考察します。

○みんなで弱いところを補強する

定着度の弱い計算・みんながまちがいやすい計算は、授業中にとりあげて指導します。その後各自でまちがい直しをします。

必要に応じて、苦手な単元のページを増刷りしたプリントをするのもよいでしょう。

個別に指導する場も必要でしょうが、授業の場で「なぜ、まちがいなのか？」をみんなで検証していくことは有効です。まちがっていた子も、できた子も、より深く理解することになります。

ポイント・工夫

まちがいが多いとき、できないとき

一つ前の段階までさかのぼって復習します。一度学習していることなので、少しの時間で取り戻すことができます。

まとめや次への見通し

①まちがった計算方法を覚えてしまうと、次の学年での学習に支障をきたします。2月に入ったら、計画的にとりくみましょう。

3年生の計算力苦手克服で4年生へ

① 計算復習計画表

時期	内容
2月第1週	たし算・ひき算の筆算　わり算A型
2月第2週	わり算B型　かけ算（2位数×1位数）
2月第3週	わり算C型　かけ算（3位数×1位数）
2月第4週	小数の計算　長さ・重さの計算
3月第1週	かけ算（2位数・3位数×2位数）

② つまずきやすい計算

ひき算　0（空位）がある計算のくり下がり

×
$$\begin{array}{r} 1002 \\ -\ \ 683 \\ \hline 419 \end{array}$$
➡
○
$$\begin{array}{r} 1002 \\ -\ \ 683 \\ \hline 319 \end{array}$$

×
$$\begin{array}{r} 504 \\ -326 \\ \hline 188 \end{array}$$
➡
○
$$\begin{array}{r} 504 \\ -326 \\ \hline 178 \end{array}$$

わり算C型　余りをもとめるひき算をくり下げずに、下から上をひいてしまう

$$\begin{array}{r} 8 \\ 7\overline{)62} \\ 56 \\ \hline 4 \end{array}$$
↑ （6－2）
×
➡
$$\begin{array}{r} 8 \\ 7\overline{)62} \\ 56 \\ \hline 6 \end{array}$$
（12－6）
○

$$\begin{array}{r} 7 \\ 4\overline{)30} \\ 28 \\ \hline 8 \end{array}$$
（8－0）
×
➡
$$\begin{array}{r} 7 \\ 4\overline{)30} \\ 28 \\ \hline 2 \end{array}$$
（10－8）
○

53÷7＝8あまり3
56

7×8が53を超えているのに、56－53として余りを出している

53÷7＝6あまり11
42

仮商「6」が小さい。余り「11」なので仮商を大きくする

小数の計算　位をそろえることができていない

$$\begin{array}{r} 3.3 \\ +\ \ \ \ 4 \\ \hline 3.7 \end{array}$$

×
➡
$$\begin{array}{r} 3.3 \\ +\ 4\ \ \ \\ \hline 7.3 \end{array}$$
○

$$\begin{array}{r} 4 \\ -\ 2.3 \\ \hline 2.1 \end{array}$$
（4－3）
×
➡
$$\begin{array}{r} 4.0 \\ -\ 2.3 \\ \hline 1.7 \end{array}$$
○

３年生の学習漢字総まとめ

どこの学校でもたいてい漢字ドリルを使っています。その一番最後に学期や学年のまとめが載っています。ここでは、その漢字ドリルを使った漢字総まとめの仕方を紹介します。

すすめ方

まとめはシンプルに、プリントをくり返し練習

まとめはシンプルに、それまで使用してきたドリルの問題をくり返して練習することが最大の効果を上げることにつながります。

○漢字ドリルから切り貼りして、まとめプリントを作成

漢字ドリルの学年のまとめのページを切り貼りして、Ｂ４判のプリントを作ります。できれば「読み」バージョンと「書き」バージョンの二つを作っておくといいでしょう。

○なるべく早く始めて、長く練習する

３学期は新出漢字が少ないですから、３月になったらなるべく早く総まとめを始めます。最初は答えを見ながら視写させるのもいいでしょう。

○練習の機会を増やすことを第一義に

宿題や朝の会など３回程度練習したらテストをします。同じテストを３回続け、その間に100点に近づけます。子どもにとってはテストでもあくまで練習という位置づけにして、とにかく練習する機会をたくさんつくるようにします。

ポイント・工夫

ちょっとした時間に意識づけ、みんなで満点をめざす

練習を続けるとまちがえやすい漢字がわかってきます。朝のすき間時間を使い、「こんなまちがいがあったよ、どこがちがっているかな」とクイズのように聞いてみると、けっこう子どもたちは正しく指摘します。「全員で満点を取ろう」と呼びかけてとりくむと、仲間の影響を受けて、遅れがちな子も力を伸ばすことができます。

まとめや次への見通し

① 「全員で満点」を文化運動のようにしていくと、学級の学習のまとめとして位置づけられ、みんなでやりきったという体験として一生の力になることでしょう。

全員で100点を取ろう大作戦！

① まとめテストプリントを用意する

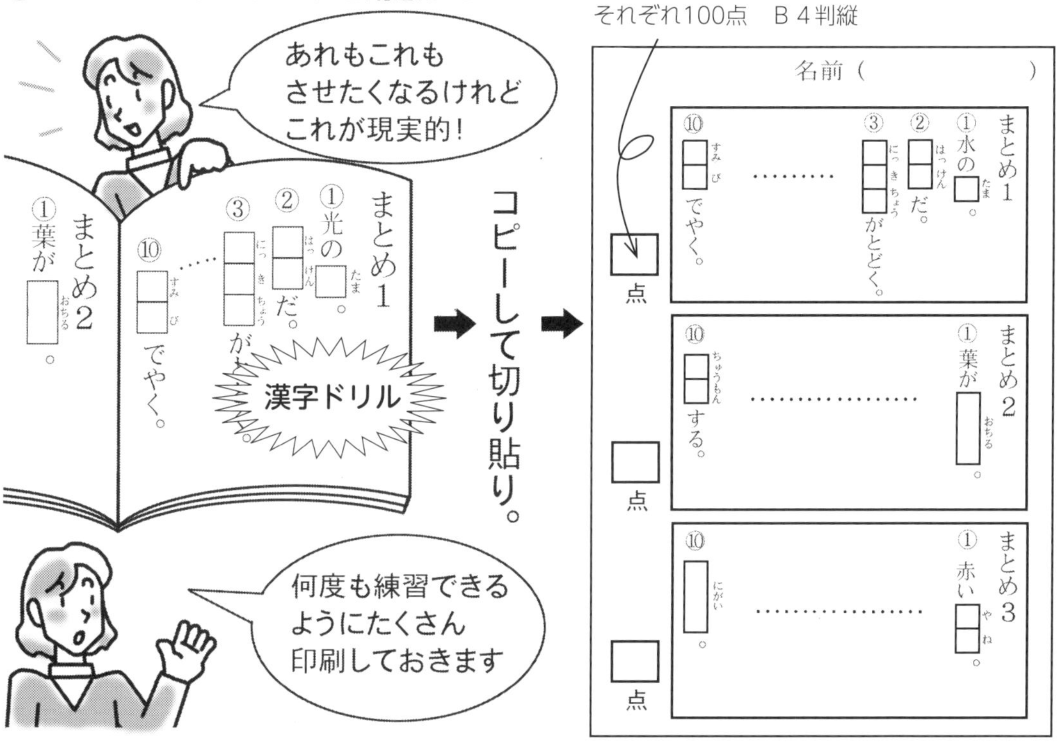
あれもこれも
させたくなるけれど
これが現実的！
まとめ1
①光の□《たま》。
②□□《はっけん》だ。
③□□□《にっきちょう》が
⑩□□《すみび》でやく。
まとめ2
①葉が□《おちる》。
漢字ドリル
コピーして切り貼り。
何度も練習できる
ようにたくさん
印刷しておきます
それぞれ100点　B４判縦
名前（　　　　　）
まとめ1
①水の□《たま》。
②□□《はっけん》だ。
③□□□《にっきちょう》がとどく。
⑩□□《すみび》でやく。
まとめ2
①葉が□《おちる》。
⑩□□《ちゅうもん》する。
まとめ3
①赤い□□《やね》。
⑩□《にがい》。
点
点
点

(練習３回+テスト３回)×人数×３(まとめの数)

② くり返しテスト。テストも練習のうち

練習とテスト、とりくむ場面は

- 宿題で１回
- 朝の会で１回
- 国語の授業時間に１回

３回練習でテスト
同じテストを３回する
こんどは100点だ！

まとめ1が終わったら、
まとめ2に進みます

最後の学習参観◎どの子にも出番を

3学期の学習参観は、1年間の成長を見てもらう場と位置づけて、「学習発表会」をします。内容は、音読や暗唱、群読、合唱、リコーダーの合奏などです。全員でする暗唱やリコーダー演奏は、子どもたちの成長とクラスのまとまりを感じてもらえることでしょう。

すすめ方

学習参観を学習発表会にする

国語、特別活動、音楽の時間を使ってとりくみます。

○群読やリコーダー演奏など出し物を決める

これまでに練習してきた音読をいかして、全員で群読できるものや、グループに分かれて群読するものを、子どもたちの意見を聞きながら決めます。

リコーダーは、子どもが吹きたい曲をあげさせ、曲ごとにグループをつくらせます。

○ひと月ほどかけて練習する

役割を決めたり流れを考えたりしながら、一つ一つの出し物を練習します。群読は振付を考えたりしながら練習させます。

○プログラムをつくり、雰囲気を盛り上げる

黒板に貼るプログラムを模造紙で作り、演目は子どもたちに短冊に書かせて貼り付けていきます。飾りつけもします。余裕があれば、招待状をつくってお家の方に渡すのもいいでしょう。

ポイント・工夫

どの子にも出番を用意する

群読のソロのパートや楽器の振り分けなど、どの子も出番があるようにします。練習は早めに始めて、子どもたちの実態に合わせて修正や変更ができるようにしておきます。グループで練習することで協力する大切さに気づかせることができます。練習するなかで協調性も養われていきます。

まとめや次への見通し

①少し早めにとりくみを始め、練習のなかで力を育てます。
②グループや全員でのとりくみで、協力する良さを感じさせます。

グループと全員を組み合わせて

しゅうはっぴょう会
きりなしうた
ひみつのへや
そくでん
ふえ星人
オープニング
なまけにんじゃ
どうぶつの森
早口ことば
うたえバンバ
ドレミファかえうた
ヤダくん
エンディング

★１月末くらいからとりくむ
★だしものを決める
全員でするもの
グループでするもの
リコーダー歌唱
暗唱
朗読
★練習
↓
★プログラム作成
↓
★３月本番

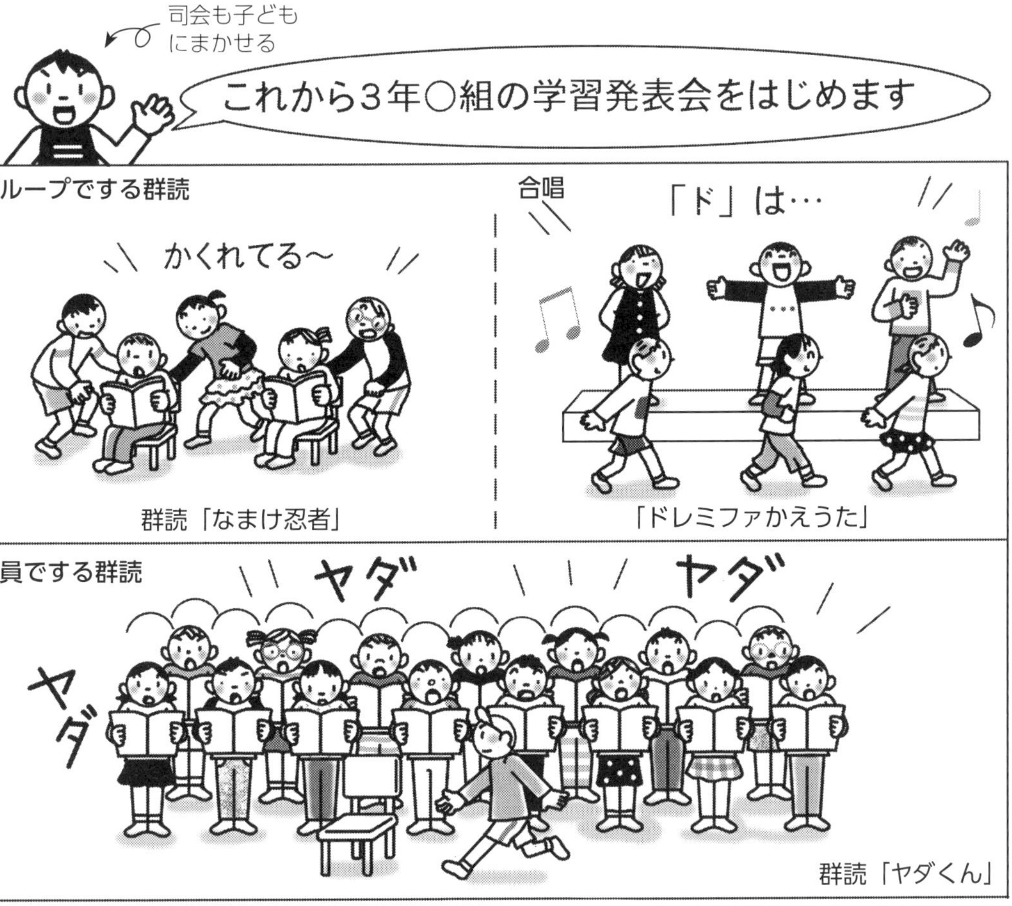
司会も子どもにまかせる
これから３年〇組の学習発表会をはじめます
グループでする群読
かくれてる～
群読「なまけ忍者」
合唱
「ド」は…
「ドレミファかえうた」
全員でする群読
ヤダ
ヤダ
ヤダ
群読「ヤダくん」

※「なまけ忍者」「ヤダくん」の脚本は『新版楽しい群読脚本集』（家本芳郎編・脚色、高文研）所収

漢字プリント

月　日

訓　音

画数　部首

短文

訓　音

画数　部首

短文

さかのぼり

1日1まい バッチリくん

名前

月　　日（　　）

早ね・早起き	遊び	音読			
起床	（　　）人で	正確に	◎	○	△
（　：　）	をした	大きな声で	◎	○	△
就寝	家のしごと	程よい速さで	◎	○	△
（　：　）		お家の人のサインやひと言			

B４に拡大

日記

（計算力調査）

1年　　月　　日　　名前（　　　　　　　　　）

★次《つぎ》の計算《けいさん》をしましょう。（1つ10点《てん》）

① $3 + 5 =$

② $8 + 6 =$

③ $7 + 7 =$

④ $9 + 0 =$

⑤ $6 - 2 =$

⑥ $10 - 8 =$

⑦ $15 - 7 =$

⑧ $6 + 1 + 3 =$

⑨ $9 - 2 - 5 =$

⑩ $10 - 3 + 2 =$

（計算力調査）

2 年　　　月　　　日　名前（　　　　　　　　　　　　　）

★次《つぎ》の計算《けいさん》をしましょう。（1 つ 10 点《てん》・計《けい》 70 点《てん》）

① 57 + 9 =

② 76 + 7 =

③ 240 + 50 =

④

$$\begin{array}{r} 1\ 8 \\ +\ 7\ 6 \\ \hline \end{array}$$

⑤

$$\begin{array}{r} 7\ 2 \\ -\ 5\ 4 \\ \hline \end{array}$$

⑥ 6 × 8 =

⑦ 9 × 7 =

★次《つぎ》の計算《けいさん》を筆算《ひっさん》でしましょう。（1 つ 10 点《てん》・計《けい》 30 点《てん》）

⑧ 96 + 27

$$\begin{array}{l} \\ + \qquad\quad \\ \hline \end{array}$$

⑨ 135 − 78

$$\begin{array}{l} \\ - \qquad\quad \\ \hline \end{array}$$

⑩ 105 − 67

$$\begin{array}{l} \\ - \qquad\quad \\ \hline \end{array}$$

かけ算九九
（6、7、8のだん）

名前

▶計算しましょう。

① $6 \times 4 =$

② $6 \times 3 =$

③ $7 \times 1 =$

④ $8 \times 6 =$

⑤ $7 \times 3 =$

⑥ $8 \times 5 =$

⑦ $8 \times 7 =$

⑧ $6 \times 8 =$

⑨ $6 \times 7 =$

⑩ $7 \times 8 =$

⑪ $6 \times 6 =$

⑫ $8 \times 1 =$

⑬ $7 \times 4 =$

⑭ $7 \times 9 =$

⑮ $8 \times 1 =$

⑯ $7 \times 8 =$

⑰ $6 \times 7 =$

⑱ $6 \times 4 =$

⑲ $7 \times 3 =$

⑳ $6 \times 3 =$

㉑ $6 \times 8 =$

㉒ $7 \times 2 =$

㉓ $8 \times 8 =$

㉔ $8 \times 9 =$

㉕ $7 \times 7 =$

㉖ $7 \times 4 =$

㉗ $6 \times 5 =$

㉘ $8 \times 5 =$

㉙ $6 \times 1 =$

㉚ $6 \times 9 =$

㉛ $8 \times 2 =$

㉜ $7 \times 1 =$

㉝ $7 \times 5 =$

㉞ $8 \times 4 =$

㉟ $6 \times 1 =$

㊱ $6 \times 5 =$

㊲ $6 \times 9 =$

㊳ $8 \times 8 =$

㊴ $8 \times 6 =$

㊵ $7 \times 9 =$

㊶ $8 \times 9 =$

㊷ $6 \times 6 =$

㊸ $7 \times 5 =$

㊹ $7 \times 6 =$

㊺ $7 \times 7 =$

㊻ $7 \times 2 =$

㊼ $8 \times 4 =$

㊽ $6 \times 2 =$

㊾ $8 \times 7 =$

㊿ $7 \times 6 =$

(51) $8 \times 3 =$

(52) $6 \times 2 =$

(53) $8 \times 2 =$

(54) $8 \times 3 =$

かけ算九九プリント

名前

てん

▶計算しましょう。

① ６×６＝
② ６×７＝
③ ８×３＝
④ ７×２＝
⑤ ９×３＝
⑥ ６×５＝
⑦ ７×４＝
⑧ ９×４＝
⑨ ７×５＝
⑩ ９×１＝
⑪ ９×６＝
⑫ ４×９＝
⑬ ８×６＝
⑭ ４×８＝
⑮ ６×８＝
⑯ ３×２＝
⑰ ４×１＝
⑱ ２×８＝
⑲ １×２＝
⑳ ８×２＝
㉑ ８×９＝
㉒ ３×３＝
㉓ ５×２＝
㉔ ５×１＝
㉕ ８×５＝
㉖ １×１＝
㉗ ２×５＝
㉘ ２×６＝
㉙ ４×３＝
㉚ １×９＝
㉛ ２×９＝
㉜ ２×３＝
㉝ ２×４＝
㉞ ５×７＝
㉟ ５×３＝
㊱ ３×６＝
㊲ １×７＝
㊳ ６×１＝
㊴ ４×７＝
㊵ ９×７＝
㊶ ７×８＝
㊷ ６×４＝
㊸ ５×９＝
㊹ １×３＝
㊺ ２×１＝
㊻ ２×７＝
㊼ ７×９＝
㊽ ３×８＝
㊾ ９×５＝
㊿ ３×５＝
(51) ６×２＝
(52) ４×６＝
(53) ８×４＝
(54) ８×７＝
(55) ５×５＝
(56) ５×６＝
(57) ７×７＝
(58) ７×１＝
(59) ３×１＝
(60) ９×２＝
(61) ９×８＝
(62) ３×４＝
(63) ３×９＝
(64) ４×４＝
(65) ７×６＝
(66) ５×４＝
(67) ９×９＝
(68) １×４＝
(69) ８×８＝
(70) １×８＝
(71) １×５＝
(72) ８×１＝
(73) ２×２＝
(74) ３×７＝
(75) １×６＝
(76) ４×５＝
(77) ６×９＝
(78) ７×３＝
(79) ６×３＝
(80) ４×２＝
(81) ５×８＝

読書記録カード

年　　組　　名前（　　　　　　）

◎よかった　○ふつう　△よくなかった

さつ目（　　）ページ
本の題名
読みおわった日　・
感想

さつ目（　　）ページ
本の題名
読みおわった日　・
感想

さつ目（　　）ページ
本の題名
読みおわった日　・
感想

1
さつ目（　　）ページ
本の題名
読みおわった日　・
感想

さつ目（　　）ページ
本の題名
読みおわった日　・
感想

さつ目（　　）ページ
本の題名
読みおわった日　・
感想

さつ目（　　）ページ
本の題名
読みおわった日　・
感想

さつ目（　　）ページ
本の題名
読みおわった日　・
感想

さつ目（　　）ページ
本の題名
読みおわった日　・
感想

さつ目（　　）ページ
本の題名
読みおわった日　・
感想

- 本が読めたら、題名、読み終った日などを書きましょう。
- 感想を◎、○、△でつけましょう。
- 本のページ数も書きます。

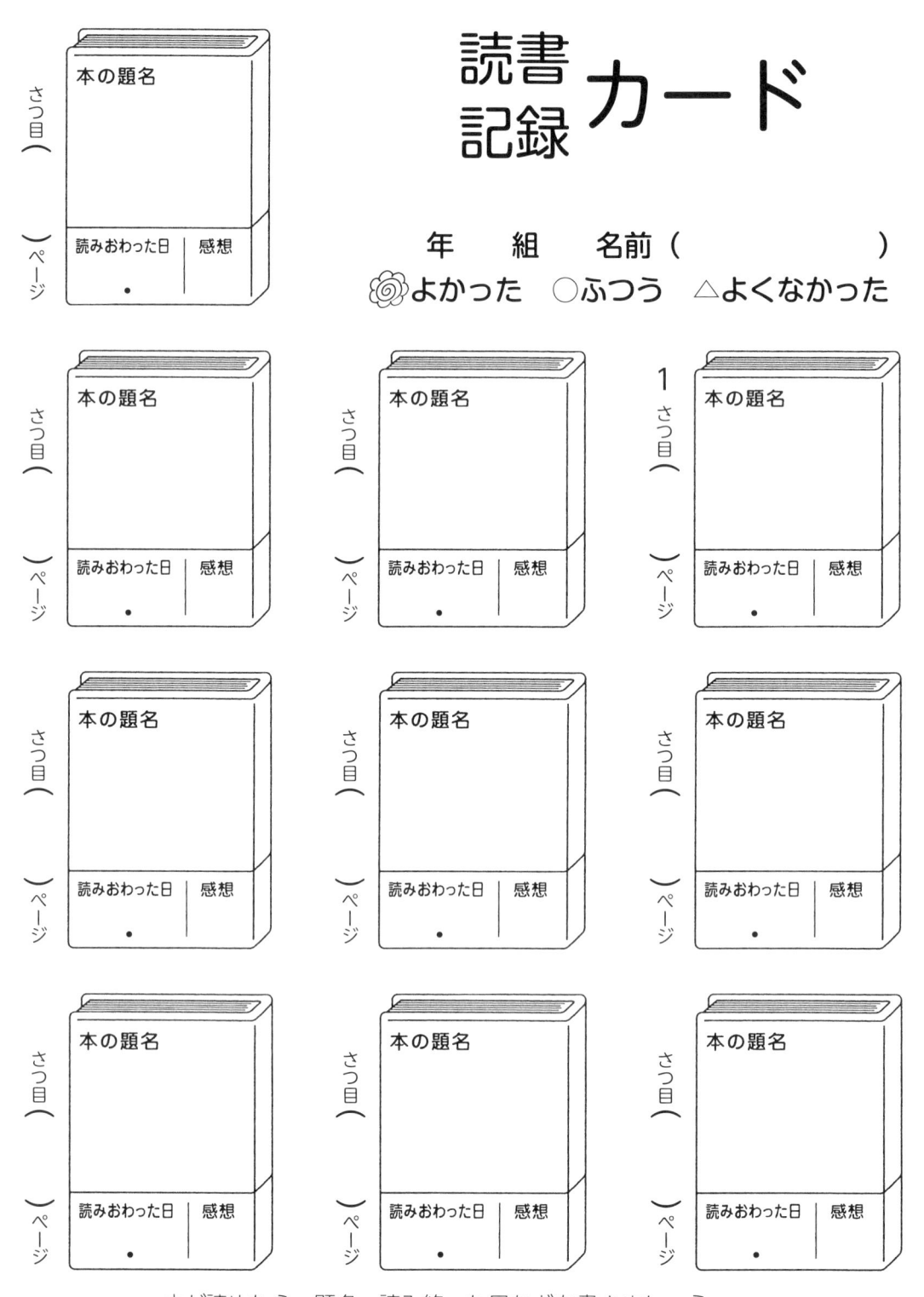

この本おもしろい！

月　日

組　名

すきな場面の絵

すきな文

あなあき九九

名前

▶（　）にあてはまる数を書きましょう。

6×(　　)=30	7×(　　)=28	8×(　　)=8
6×(　　)=12	7×(　　)=0	8×(　　)=32
6×(　　)=42	7×(　　)=42	8×(　　)=64
6×(　　)=24	7×(　　)=63	8×(　　)=24
6×(　　)=54	7×(　　)=35	8×(　　)=40
6×(　　)=36	7×(　　)=14	8×(　　)=72
6×(　　)=6	7×(　　)=49	8×(　　)=16
6×(　　)=18	7×(　　)=21	8×(　　)=48
6×(　　)=48	7×(　　)=56	8×(　　)=0
6×(　　)=0	7×(　　)=28	8×(　　)=56
6×(　　)=12	7×(　　)=7	8×(　　)=24
6×(　　)=36	7×(　　)=42	8×(　　)=48
6×(　　)=54	7×(　　)=21	8×(　　)=8
6×(　　)=42	7×(　　)=56	8×(　　)=72
6×(　　)=18	7×(　　)=28	8×(　　)=40

あなあき九九100問

名前

▶（　）にあてはまる数を書きましょう。

6×(　　)=42	7×(　　)=49	7×(　　)=28	6×(　　)=54
6×(　　)=6	3×(　　)=9	8×(　　)=48	1×(　　)=5
6×(　　)=0	9×(　　)=81	2×(　　)=6	7×(　　)=7
2×(　　)=12	4×(　　)=12	6×(　　)=48	7×(　　)=35
7×(　　)=21	4×(　　)=36	3×(　　)=18	9×(　　)=9
4×(　　)=0	2×(　　)=16	3×(　　)=15	4×(　　)=28
5×(　　)=20	2×(　　)=4	7×(　　)=63	8×(　　)=72
1×(　　)=3	3×(　　)=6	6×(　　)=30	4×(　　)=32
8×(　　)=32	2×(　　)=2	7×(　　)=28	7×(　　)=0
3×(　　)=3	7×(　　)=56	6×(　　)=54	7×(　　)=7
8×(　　)=16	4×(　　)=20	1×(　　)=1	5×(　　)=40
6×(　　)=42	3×(　　)=27	1×(　　)=4	9×(　　)=27
8×(　　)=56	6×(　　)=42	7×(　　)=56	7×(　　)=42
5×(　　)=35	8×(　　)=0	6×(　　)=36	2×(　　)=8
1×(　　)=0	6×(　　)=24	9×(　　)=0	9×(　　)=45
9×(　　)=18	1×(　　)=7	6×(　　)=12	5×(　　)=0
2×(　　)=18	5×(　　)=25	8×(　　)=24	1×(　　)=8
8×(　　)=8	4×(　　)=16	6×(　　)=18	7×(　　)=14
9×(　　)=36	9×(　　)=63	3×(　　)=24	4×(　　)=8
9×(　　)=72	7×(　　)=42	8×(　　)=56	5×(　　)=5
5×(　　)=45	7×(　　)=49	1×(　　)=9	2×(　　)=10
3×(　　)=0	5×(　　)=10	3×(　　)=12	9×(　　)=54
5×(　　)=15	2×(　　)=0	4×(　　)=24	1×(　　)=6
2×(　　)=14	3×(　　)=21	4×(　　)=4	8×(　　)=64
5×(　　)=30	1×(　　)=2	8×(　　)=40	8×(　　)=48

いろはかるた

・▼のマークでおる（山おり）
・のりはウラぜんたいにつけること
・１まい１まいに名前をかくこと

〈読みふだ〉

1 犬《いぬ》も歩《ある》けば
2 ろんより
3 花《はな》より
4 にくまれっ子《こ》
5 ほねおりぞんの
6 ちりもつもれば
7 りょうやくは
8 なきつらに
9 楽《らく》あれば
10 うそから出《で》た
11 おにに
12 まけるは
13 頭《あたま》かくして
14 聞《き》いてごくらく
15 ゆだん
16 知《し》らぬが

▲山おり

〈とりふだ〉

1 ぼうに当《あ》たる
2 しょうこ
3 だんご
4 よにはばかる
5 くたびれもうけ
6 山《やま》となる
7 口《くち》ににがし
8 はち
9 くあり
10 まこと
11 金《かな》ぼう
12 かち
13 しりかくさず
14 見《み》て地《じ》ごく
15 大《たい》てき
16 仏《ほとけ》

（2014．1．Kawagishi）

100わり計算(あまりあり、くり下がりあり)100（　　分　　秒）名前＿＿＿＿＿＿＿＿

① 61÷9＝　…	㉖ 54÷8＝　…	(51) 15÷9＝　…	(76) 51÷9＝　…
② 10÷7＝　…	㉗ 44÷9＝　…	(52) 62÷8＝　…	(77) 71÷8＝　…
③ 31÷9＝　…	㉘ 52÷7＝　…	(53) 22÷9＝　…	(78) 40÷7＝　…
④ 22÷8＝　…	㉙ 10÷9＝　…	(54) 31÷8＝　…	(79) 34÷9＝　…
⑤ 11÷6＝　…	㉚ 51÷8＝　…	(55) 13÷7＝　…	(80) 10÷8＝　…
⑥ 34÷7＝　…	㉛ 20÷3＝　…	(56) 70÷9＝　…	(81) 53÷7＝　…
⑦ 30÷4＝　…	㉜ 26÷9＝　…	(57) 14÷8＝　…	(82) 11÷9＝　…
⑧ 53÷6＝　…	㉝ 30÷7＝　…	(58) 61÷7＝　…	(83) 31÷7＝　…
⑨ 41÷9＝　…	㉞ 21÷6＝　…	(59) 55÷8＝　…	(84) 25÷9＝　…
⑩ 40÷6＝　…	㉟ 60÷9＝　…	(60) 23÷6＝　…	(85) 20÷6＝　…
⑪ 50÷9＝　…	㊱ 15÷8＝　…	(61) 40÷9＝　…	(86) 50÷8＝　…
⑫ 12÷8＝　…	㊲ 71÷9＝　…	(62) 21÷8＝　…	(87) 62÷7＝　…
⑬ 41÷7＝　…	㊳ 11÷7＝　…	(63) 17÷9＝　…	(88) 53÷9＝　…
⑭ 35÷9＝　…	㊴ 31÷4＝　…	(64) 32÷7＝　…	(89) 13÷8＝　…
⑮ 20÷7＝　…	㊵ 12÷9＝　…	(65) 10÷4＝　…	(90) 43÷9＝　…
⑯ 52÷6＝　…	㊶ 54÷7＝　…	(66) 80÷9＝　…	(91) 11÷3＝　…
⑰ 14÷9＝　…	㊷ 30÷8＝　…	(67) 11÷8＝　…	(92) 63÷8＝　…
⑱ 52÷8＝　…	㊸ 22÷6＝　…	(68) 42÷9＝　…	(93) 50÷7＝　…
⑲ 60÷7＝　…	㊹ 33÷9＝　…	(69) 12÷7＝　…	(94) 13÷9＝　…
⑳ 21÷9＝　…	㊺ 20÷8＝　…	(70) 16÷9＝　…	(95) 41÷6＝　…
㉑ 61÷8＝　…	㊻ 52÷9＝　…	(71) 23÷8＝　…	(96) 20÷9＝　…
㉒ 30÷9＝　…	㊼ 10÷6＝　…	(72) 55÷7＝　…	(97) 33÷7＝　…
㉓ 51÷7＝　…	㊽ 23÷9＝　…	(73) 70÷8＝　…	(98) 10÷3＝　…
㉔ 62÷9＝　…	㊾ 51÷6＝　…	(74) 24÷9＝　…	(99) 32÷9＝　…
㉕ 11÷4＝　…	㊿ 60÷8＝　…	(75) 50÷6＝　…	(100) 53÷8＝　…

カケルちゃん！
グッズ

- パウチをすると強くなります。
- うらにマグネットをはります。

作文用紙

名前（　　　　　　　　　　）

◎作文を、作文用紙に書きうつしましょう。

著者紹介

川岸　雅詩（かわぎし　まさし）

大阪市公立小学校教諭

『学年はじめの学級づくり奇跡をおこす３日間』（共著、フォーラム・A）
『算数習熟プリント５年　中・上級』（清風堂書店）他
学力の基礎をきたえどの子も伸ばす研究会常任委員

川崎　和代（かわさき　かずよ）

大阪府公立小学校教諭

『新任教師からできる奇跡の学級づくり』（共著、フォーラム・A）
『学力ドリル計算６年』（清風堂書店）他
学力の基礎をきたえどの子も伸ばす研究会常任委員

学力の基礎をきたえどの子も伸ばす研究会（＝学力研）

1985年岸本裕史代表委員を中心に「学力の基礎をきたえ落ちこぼれをなくす研究会（＝落ち研）」として発足、2001年に現名称に改称。

発足以来、すべての子どもに「読み書き計算」を中軸とした確かな学力をつける実践の研究と普及にとりくんできた。近年、子どもと保護者の信頼をつかむ授業づくりや学級づくりの研究も進めてきている。

常任委員長　図書啓展

事務局　〒675－0032　兵庫県加古川市加古川町備後178-1-2-102　岸本ひとみ方
FAX　0794－26－5133

全国に広がる学力研　検索

図解　授業・学級経営に成功する
３年生の基礎学力ー無理なくできる12か月プラン

2015年４月20日　初版　第１刷発行
2019年３月20日　　　　第２刷発行

監修者　学力の基礎をきたえどの子も伸ばす研究会
著　者　川岸　雅詩・川崎　和代　ⓒ
発行者　蒔田　司郎
発行所　フォーラム・A

〒530-0056　大阪市北区兎我野町15-13
電話　(06)6365-5606
FAX　(06)6365-5607
http://foruma.co.jp/
振替　00970-3-127184

制作編集担当・矢田智子

カバーデザイン―クリエイティブ・コンセプト／イラスト―斉木のりこ
印刷―(株)関西共同印刷所／製本―立花製本
ISBN978-4-89428-837-9　C0037